大妻嵐山高等学校

〈収録内容〉

2024 年度 ………………………… 第1回（数・英・国）
※国語の大問二は、問題に使用された作品の著作権者が二次使用の許可を出していないため、問題を掲載しておりません。

2023 年度 ………………………… 第1回（数・英・国）

2022 年度 ………………………… 第1回（数・英・国）

2021 年度 ………………………… 第1回（数・英・国）

2020 年度 ………………………… 第1回（数・英・国）

便利な DL コンテンツは右の QR コードから

解答用紙　　リスニング ⇒

※データのダウンロードは 2025 年 3 月末日まで。
※データへのアクセスには、右記のパスワードの入力が必要となります。 ⇒ 814435

〈合格最低点〉

※学校からの合格最低点の発表はありません。

本書の特長

実戦力がつく入試過去問題集

- 問題 …………… 実際の入試問題を見やすく再編集。
- 解答用紙 …… 実戦対応仕様で収録。
- 解答解説 …… 詳しくわかりやすい解説には、難易度の目安がわかる「基本・重要・やや難」の分類マークつき（下記参照）。各科末尾には合格へと導く「ワンポイントアドバイス」を配置。採点に便利な配点つき。

入試に役立つ分類マーク

基本 確実な得点源！
受験生の 90%以上が正解できるような基礎的、かつ平易な問題。
何度もくり返して学習し、ケアレスミスも防げるようにしておこう。

重要 受験生なら何としても正解したい！
入試では典型的な問題で、長年にわたり、多くの学校でよく出題される問題。
各単元の内容理解を深めるのにも役立てよう。

やや難 これが解ければ合格に近づく！
受験生にとっては、かなり手ごたえのある問題。
合格者の正解率が低い場合もあるので、あきらめずにじっくりと取り組んでみよう。

合格への対策、実力錬成のための内容が充実

- 各科目の出題傾向の分析、合否を分けた問題の確認で、入試対策を強化！
- その他、学校紹介、過去問の効果的な使い方など、学習意欲を高める要素が満載！

解答用紙ダウンロード	解答用紙はプリントアウトしてご利用いただけます。弊社ＨＰの商品詳細ページよりダウンロードしてください。トビラのＱＲコードからアクセス可。
リスニング音声ダウンロード	英語のリスニング問題については、弊社オリジナル作成により音声を再現。弊社ＨＰの商品詳細ページで配信対応しております。トビラのＱＲコードからアクセス可。
UD FONT	見やすく読みまちがえにくいユニバーサルデザインフォントを採用しています。

大妻嵐山高等学校

普通科
生徒数　368名
〒355-0221
埼玉県比企郡嵐山町菅谷558
☎ 0493-62-2281
東武東上線武蔵嵐山駅　徒歩13分
深谷、熊谷、北上尾、飯能、森林公園、北本、桶川の各駅よりスクールバスあり

大妻伝統の女子教育
安心安全な環境のもと力を伸ばす
国公立・難関私大へのコース設置

URL	https://www.otsuma-ranzan.ed.jp

緑豊かな中にある校舎

プロフィール　学芸を修めて人類のために

1967年、嵐山女子高等学校として創立。1971年に大妻女子大学の傘下に入り、1995年、大妻嵐山高等学校に改称。2003年度からは新たに中学校を開設した。校訓「恥を知れ」、「学芸を修めて人類のために」を建学の精神とし、聡明な女性の育成を目指し、さらなる女子教育の充実を図る。

環境　四季折々の自然が感性を磨き知性を育む

埼玉県のほぼ中央部に位置し、国蝶オオムラサキの森、蝶の里公園、県立嵐山史跡の博物館、国立女性教育会館など、歴史・文化・自然の調和がとれた教育環境にある。キャンパス内にはソメイヨシノやケヤキの大木など種々の樹木が配され、四季折々の落ち着いた雰囲気を漂わせている。安全性を最優先にした耐震構造の校舎をはじめ図書室と進路指導室を統合したラーニングコモンズと第１・第２理科室は数年前に改築し、充実した設備を備えている。

カリキュラム　基本学習を重視 選択制の採用

目指す進路を実現できる学力を身に付けることを目標に、基礎から応用まで着実にステップアップしていく系統的カリキュラムをもとに授業を組み立てている。**特別進学コース**は少数精鋭でクラス編成し、大学入試を見据えたスピード感のある授業で難関国公立（お茶の水女子大学・筑波大学等）、最難関私立大学（早慶上理等）への現役合格を目指し、国内外において多種多様な人と協働し、リーダーとして活躍できる人材を育てる。**総合進学コース**では、部活動との両立を目標に、国公立・難関私立大学への現役合格を目指し、社会に貢献する自立した人材を育てる。**大妻進学コース**は、大妻女子大学への進学を希望している人向けのコースで、大学での学びを先取りした「大妻ゼミ」の受講や、多様なカリキュラムで幅広い教養を学び、豊かな心と感性を磨き、自立した女性を育てる。

また、学校６日制、進学補講、学習合宿など工夫を凝らしたプログラムを展開している。このほか、国際理解教育として、海外研修、英会話教育、オンライン英会話、情操教育として論語の素読、礼法指導などを学ぶ機会も設けられている。

学校生活　ゆとりある学園生活 様々な行事や部活

登校時間	夏季	8：40	冬季	8：40

制服は、2018年度より新しくなり、ネイビーを基調にしたブレザースタイル。冬服のリボンにはスクールカラーの古代紫があしらわれたシンプルで上品さがあり、夏服はピンクのベストとチェックスカートが可愛らしい制服となっている。2022年度よりスラックスを導入した。学校行事は、体育祭（5月）、芸術鑑賞会（6月）、イギリス研修（7月）、文化祭（9月）、修学旅行（12月）、球技大会（12月）などと多彩。

【文化部】
吹奏楽部、コーラス部、華道部、書道部、茶道部、美術部、ギター部、サイエンス部

【運動部】
バスケットボール部、バドミントン部、ソフトテニス部、バレーボール部、硬式テニス部、ハンドボール部、ダンス部、サッカー部

【同好会】
食物同好会、文芸同好会、キャリアスタディ同好会、アドミッションスタッフ

進路　附属校だからこそできる進路指導

大妻進学コースの高校３年生は、約90%以上が大妻女子大学へ進学する。大妻女子大学の推薦枠は、短大含めて約90名分ある。総合進学、特別進学コースは、総合型入試や一般入試で早慶上理・GMARCHを目標とした他大学へ進学。一般入試に挑む生徒は、大妻女子大学の合格を内定させてから、一般入試に挑むことができる「特別推薦制度」の活用が可能。また、英検の指導も校内で力を入れて取り組んでいる。

他大学への主な進学先は、東京農工大、埼玉大、群馬大、信州大、奈良女子大、上智大、学習院大、立教大、中央大、法政大、成蹊大、成城大、津田塾大、日本女子大、東京女子大、埼玉医科大など。

2024年度入試要項

試験日　12/7（帰国生）　1/22（第1回）
1/23（第2回）

試験科目　総合〈国·数〉+ 面接〈英語·日本語、他〉（帰国生）
国·数·英（第1· 2回）

2024年度	募集定員	受験者数	合格者数	競争率
第1回/第2回	180	124/16	118/16	1.1/1.0

※定員は特別進学コース20名、総合進学コース80名、大妻進学コース80名

過去問の効果的な使い方

① **はじめに**　入学試験対策に的を絞った学習をする場合に効果的に活用したいのが「過去問」です。なぜならば，志望校別の出題傾向や出題構成，出題数などを知ることによって学習計画が立てやすくなるからです。入学試験に合格するという目的を達成するためには，各教科ともに「何を」「いつまでに」やるかを決めて計画的に学習することが必要です。目標を定めて効率よく学習を進めるために過去問を大いに活用してください。また，塾に通われていたり，家庭教師のもとで学習されていたりする場合は，それぞれのカリキュラムによって，どの段階で，どのように過去問を活用するのかが異なるので，その先生方の指示にしたがって「過去問」を活用してください。

② **目的**　過去問学習の目的は，言うまでもなく，志望校に合格することです。どのような分野の問題が出題されているか，どのレベルか，出題の数は多めか，といった概要をまず把握し，それを基に学習計画を立ててください。また，近年の出題傾向を把握することによって，入学試験に対する自分なりの感触をつかむこともできます。

過去問に取り組むことで，実際の試験をイメージすることもできます。制限時間内にどの程度までできるか，今の段階でどのくらいの得点を得られるかということも確かめられます。それによって必要な学習量も見えてきますし，過去問に取り組む体験は試験当日の緊張を和らげることにも役立つでしょう。

③ **開始時期**　過去問への取り組みは，全分野の学習に目安のつく時期，つまり，9月以降に始めるのが一般的です。しかし，全体的な傾向をつかみたい場合や，学習進度が早くて，夏前におおよその学習を終えている場合には，7月，8月頃から始めてもかまいません。もちろん，受験間際に模擬テストのつもりでやってみるのもよいでしょう。ただ，どの時期に行うにせよ，取り組むときには，集中的に徹底して取り組むようにしましょう。

④ **活用法**　各年度の入試問題を全問マスターしようと思う必要はありません。できる限り多くの問題にあたって自信をつけることは必要ですが，重要なのは，志望校に合格するためには，どの問題が解けなければいけないのかを知ることです。問題を制限時間内にやってみる。解答で答え合わせをしてみる。間違えたりできなかったりしたところについては，解説をじっくり読んでみる。そうすることによって，本校の入試問題に取り組むことが今の自分にとって適当かどうかが，はっきりします。出題傾向を研究し，合否のポイントとなる重要な部分を見極めて，入学試験に必要な力を効率よく身につけてください。

数学

各都道府県の公立高校の入学試験問題は，中学数学のすべての分野から幅広く出題されます。内容的にも，基本的・典型的なものから思考力・応用力を必要とするものまでバランスよく構成されています。私立・国立高校では，中学数学のすべての分野から出題されることには変わりはありませんが，出題形式，難易度などに差があり，また，年度によっての出題分野の偏りもあります。公立高校を含め，ほとんどの学校で，前半は広い範囲からの基本的な小問群，後半はあるテーマに沿っての数問の小問を集めた大問という形での出題となっています。

まずは，単年度の問題を制限時間内にやってみてください。その後で，解答の答え合わせ，解説での研究に時間をかけて取り組んでください。前半の小問群，後半の大問の一部を合わせて50%以上の正解が得られそうなら多年度のものにも順次挑戦してみるとよいでしょう。

英語

英語の志望校対策としては，まず志望校の出題形式をしっかり把握しておくことが重要です。英語の問題は，大きく分けて，リスニング，発音・アクセント，文法，読解，英作文の5種類に分けられます。リスニング問題の有無(出題されるならば，どのような形式で出題されるか)，発音・アクセント問題の形式，文法問題の形式(語句補充，語句整序，正誤問題など)，英作文の有無(出題されるならば，和文英訳か，条件作文か，自由作文か）など，細かく具体的につかみましょう。読解問題では，物語文，エッセイ，論理的な文章，会話文などのジャンルのほかに，文章の長さも知っておきましょう。また，読解問題でも，文法を問う問題が多いか，内容を問う問題が多く出題されるか，といった傾向をおさえておくことも重要です。志望校で出題される問題の形式に慣れておけば，本番ですんなり問題に対応することができますし，読解問題で出題される文章の内容や量をつかんでおけば，読解問題対策の勉強として，どのような読解問題を多くこなせばよいかの指針になります。

最後に，英語の入試問題では，なんと言っても読解問題でどれだけ得点できるかが最大のポイントとなります。初めて見る長い文章をすらすらと読み解くのはたいへんなことですが，そのような力を身につけるには，リスニングも含めて，総合的に英語に慣れていくことが必要です。「急がば回れ」ということわざの通り，志望校対策を進める一方で，英語という言語の基本的な学習を地道に続けることも忘れないでください。

国語

国語は，出題文の種類，解答形式をまず確認しましょう。論理的な文章と文学的な文章のどちらが中心となっているか，あるいは，どちらも同じ比重で出題されているか，韻文(和歌・短歌・俳句・詩・漢詩)は出題されているか，独立問題として古文の出題はあるか，といった，文章の種類を確認し，学習の方向性を決めましょう。また，解答形式は，記号選択のみか，記述解答はどの程度あるか，記述は書き抜き程度か，要約や説明はあるか，といった点を確認し，記述力重視の傾向にある場合は，文章力に磨きをかけることを意識するとよいでしょう。さらに，知識問題はどの程度出題されているか，語句(ことわざ・慣用句など)，文法，文学史など，特に出題頻度の高い分野はないか，といったことを確認しましょう。出題頻度の高い分野については，集中的に学習することが必要です。読解問題の出題傾向については，脱語補充問題が多い，書き抜きで解答する言い換えの問題が多い，自分の言葉で説明する問題が多い，選択肢がよく練られている，といった傾向を把握したうえで，これらを意識して取り組むと解答力を高めることができます。「漢字」「語句・文法」「文学史」「現代文の読解問題」「古文」「韻文」と，出題ジャンルを分類して取り組むとよいでしょう。毎年出題されているジャンルがあるとわかった場合は，必ず正解できる力をつけられるよう意識して取り組み，得点力を高めましょう。

数学

出題傾向の分析と 合格への対策

●出題傾向と内容

本年度の出題は大問4題，小問にして25題で例年通りであった。難問はほとんどなく，大体が標準的な問題で作成されている。

本年度の出題内容は，1は数・式の計算，平方根の計算が5問，2は因数分解，連立方程式，二次方程式，平方数，角度，表面積，確率の小問群，3は図形と関数・グラフの融合問題，4は平面図形の計量問題であった。

大問の最後の問題はやや難しい問題になっている。

学習のポイント

教科書の基礎事項の学習に力を入れ，標準レベルの問題は，どの単元に関しても解けるようにしておこう。

●2025年度の予想と対策

来年度も，出題数，難易度にそれほど大きな変化はなく，全体的に標準的な問題を中心とした出題になると思われる。

数量では，複雑な計算も含まれているので，しっかり計算力をつけておこう。

図形と関数・グラフの融合問題は，座標・直線の式の求め方，グラフ上の図形の面積の求め方など定番の問題の解法を理解しておこう。

図形では，平面図形の計量問題が出題されることが多いので，公式や定理をまとめておこう。

標準レベルまでの問題集を利用して，基本的な解法が定着するまで演習したあと，本校の過去問に取り組み，出題傾向をつかんでおくとよいだろう。

▼年度別出題内容分類表 ……

出題内容			2020年	2021年	2022年	2023年	2024年
数と式		数の性質		○			
		数・式の計算	○	○	○	○	○
		因数分解	○	○	○	○	○
		平方根	○	○	○	○	○
方程式・不等式		一次方程式	○	○	○	○	○
		二次方程式	○	○	○	○	○
		不等式					
		方程式・不等式の応用					
関数		一次関数	○	○	○	○	○
		二乗に比例する関数	○	○	○	○	○
		比例関数					
		関数とグラフ	○	○	○	○	○
		グラフの作成					
図形	平面図形	角度	○	○	○	○	○
		合同・相似	○	○		○	○
		三平方の定理	○			○	
		円の性質	○	○	○	○	○
	空間図形	合同・相似	○				
		三平方の定理		○			
		切断	○				
	計量	長さ	○	○	○	○	○
		面積	○	○	○	○	○
		体積	○	○	○	○	
		証明					
		作図					
		動点					
統計		場合の数	○				
		確率	○	○	○	○	○
		統計・標本調査					
融合問題		図形と関数・グラフ	○	○	○	○	○
		図形と確率					
		関数・グラフと確率					
		その他					
その他							

大妻嵐山高等学校

英語

出題傾向の分析と 合格への対策

●出題傾向と内容

本年度は聞き取り問題，語句選択問題，書き換え問題，語彙問題，長文読解問題2題の計6題が出題された。昨年度より大問数が1題減った。

文法問題のレベルは標準的であるが，中学で習う幅広く正確な文法知識，熟語の知識が求められている。語彙問題や書き換え問題は例年出題されているので対策が必要である。

長文読解問題は長さ難易度ともに標準的なレベルである。内容を問われる問題が多いが，内容に関する英問英答も出題されているので，文を正確に読み取る力だけでなく，英語で答える力も必要である。

学習のポイント

過去問はぜひ解いておきたい。文法・語彙問題の内容やレベルは例年同じである。

●2025年度の予想と対策

来年度も本年度と比べ，大問数の増減はあっても，大きな傾向の変化はないと予想される。

標準的なレベルの問題がほとんどなので，教科書を中心とした学習が効果的である。

聞き取り問題は，CD教材等を活用して，英語の音を聞くことに慣れておこう。

単語や熟語，文法，構文は例文ごと暗記するようにすれば，整序問題にも対応しやすい。

会話文に関しては，口語表現や決まり文句など基本的なものを暗記しておこう。

長文に関しては，さまざまなジャンルの英文を読んで慣れておこう。入試用の標準レベルの問題集を用いて，内容理解を中心に何度も学習するとよい。

▼年度別出題内容分類表 ……

	出題内容	2020年	2021年	2022年	2023年	2024年
話し方・聞き方	単語の発音					
	アクセント					
	くぎり・強勢・抑揚					
	聞き取り・書き取り	○	○	○	○	○
語い	単語・熟語・慣用句	○	○	○	○	○
	同意語・反意語					
	同音異義語					
読解	英文和訳(記述・選択)			○		
	内容吟味	○	○	○	○	○
	要旨把握	○		○	○	
	語句解釈			○		
	語句補充・選択	○	○	○	○	○
	段落・文整序					
	指示語		○			○
	会話文					
文法・作文	和文英訳					
	語句補充・選択	○	○	○	○	○
	語句整序	○	○			○
	正誤問題					
	言い換え・書き換え	○	○	○	○	○
	英問英答	○				○
	自由・条件英作文					
文法事項	間接疑問文				○	
	進行形			○	○	
	助動詞		○		○	
	付加疑問文		○	○		
	感嘆文					
	不定詞	○		○	○	○
	分詞・動名詞	○	○	○	○	○
	比較		○	○	○	○
	受動態			○	○	○
	現在完了	○	○		○	○
	前置詞	○		○	○	○
	接続詞	○		○		○
	関係代名詞	○	○	○	○	○

大妻嵐山高等学校

国語

出題傾向の分析と 合格への対策

●出題傾向と内容

本年度も，現代文の読解問題が2題と古文の読解問題が1題，漢字の読み書きと故事成語とことわざに関する独立問題が1題という計4題の大問構成であった。

現代文の読解問題では，論理的文章には論説文が，文学的文章には小説が採用されている。論説文では，理由や言い換えを問う文脈把握や内容吟味の設問が中心となっている。小説では，文脈把握，心情理解が主に問われている。

古文の読解問題では，文脈把握や仮名遣いが出題されている。

解答形式は記号選択式と抜き出しの記述式が併用されており，記述式は自分でまとめる力も要求されている。

学習のポイント

漢字の読み書き，ことわざ・慣用句，四字熟語や文法といった知識問題にもしっかり取り組んでおこう。

●2025年度の予想と対策

漢字の読み書きと国語の知識問題，続いて論理的文章と文学的文章の読解問題，古文の読解問題という構成が予想される。

国語の知識問題は広範囲にわたって出題されるので，ふだんから幅広い学習を心がけたい。

論理的文章の読解問題では，文脈把握や内容吟味を通して筆者の考えをとらえる練習をしておこう。文学的文章の読解問題では，文脈把握とともに心情理解が中心となる。標準的な内容の問題集でくり返し練習すると同時に，記述式の練習も重ねておきたい。

古文では，教科書や問題集を使った基本的な内容の文章の読み取り練習をしておくことが効果的だ。漢文や韻文に関しても基本的な事項は必ず確認しておこう。

▼年度別出題内容分類表 ……

出題内容			2020年	2021年	2022年	2023年	2024年
内容の分類	読解	主題・表題	○	○			
		大意・要旨	○	○	○	○	○
		情景・心情	○	○	○	○	○
		内容吟味	○	○	○	○	○
		文脈把握	○	○	○	○	○
		段落・文章構成					
		指示語の問題		○			○
		接続語の問題					
		脱文・脱語補充	○	○	○	○	○
	漢字・語句	漢字の読み書き	○	○	○	○	○
		筆順・画数・部首					
		語句の意味	○	○	○	○	○
		同義語・対義語					
		熟語		○			○
		ことわざ・慣用句					○
	表現	短文作成					
		作文(自由・課題)					
		その他					
	文法	文と文節		○		○	
		品詞・用法	○	○		○	○
		仮名遣い	○	○	○	○	○
		敬語・その他					
	古文の口語訳		○		○	○	○
	表現技法				○		
	文学史				○		○
問題文の種類	散文	論説文・説明文	○	○	○	○	○
		記録文・報告文					
		小説・物語・伝記	○	○	○	○	○
		随筆・紀行・日記					
	韻文	詩					
		和歌(短歌)					
		俳句・川柳					
	古文		○	○	○	○	○
	漢文・漢詩						

大妻嵐山高等学校

2024年度 合否の鍵はこの問題だ!!

数学　4

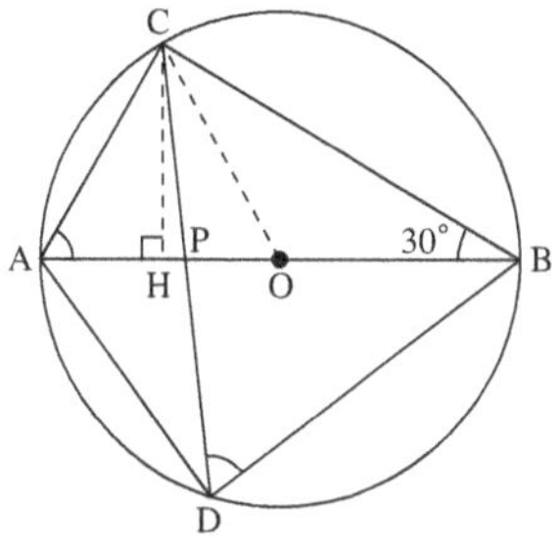

(1)　ABは円の直径だから，$\angle ACB=90^\circ$　　よって，$\angle BAC=60^\circ$
弧BCの円周角だから，$\angle BDC=\angle BAC=60^\circ$

(2)　$\triangle ABC$は$\angle ABC=30^\circ$の直角三角形だから，$AC=\dfrac{AB}{2}=\dfrac{10}{2}=5$

(3)　$AP=5\times\dfrac{3}{5}=3$，$BP=10-3=7$　　$\triangle APC\backsim\triangle DPB$から，$AP：DP=CP：BP$　　$3：DP=\sqrt{19}：7$　　$DP=\dfrac{21}{\sqrt{19}}=\dfrac{21\sqrt{19}}{19}$ (cm)

(4)　$BC=AC\times\sqrt{3}=5\sqrt{3}$，$OP=5-3=2$　　点CからABへ垂線CHをひくと，$\triangle CBH$は$\angle CBH=30^\circ$の直角三角形だから，$CH=\dfrac{BC}{2}=\dfrac{5\sqrt{3}}{2}$　　よって，$\triangle OCP=\dfrac{1}{2}\times OP\times CH=\dfrac{1}{2}\times 2\times\dfrac{5\sqrt{3}}{2}=\dfrac{5\sqrt{3}}{2}$ (cm^2)

(5)　$\triangle OCP：\triangle BCP=OP：BP=2：7$…①　　$\triangle ADP\backsim\triangle CBP$で，相似比は，$AP：CP=3：\sqrt{19}$　　よって，面積比は，$\triangle ADP：\triangle CBP=3^2：(\sqrt{19})^2=9：19$…②　　①と②から，$\triangle OCP=\dfrac{2}{7}\triangle BCP=\dfrac{2}{7}\times\dfrac{19}{9}\triangle ADP=\dfrac{38}{63}\triangle ADP$　　よって，$\triangle OCP：\triangle ADP=38：63$

◎(5)は，△CBPを媒体にして求めることがポイントである。実際に面積を求めずに，比を利用した方が計算が簡単になる。

英語　Ⅵ　2

Ⅵの2は英問英答問題である。長文のレベルも標準的で，問われている問題もいずれも難しいものではなく答えも簡単に見つけられる内容となっている。ひっかけ問題で考えさせられる問題も含まれていないので，英問英答の基本的なルールに気を付けることで正答にたどりつける。したがって，落ち着いて取り組めば確実に点数が取れる問題であるため，最終問題の限られた時間でミスをせずに正答を書けるか否かが合否を分ける。

英問英答の答えで大事なポイント

・文で答える

①　February 12, 1809 や On February 12, 1809　　③　honesty　　④ on business としても答えの内容としては正しいが，入試では英語で答えるよう指示された場合は〈主語＋動詞〉の文で答えるようにしよう。

①　He was born on ～.　　③　He was famous for ～.　　④　He went there on business.

・時制に気を付ける

重要ポイント。過去形の質問文は答えも過去形。現在形なら現在形。未来形なら未来形，進行形なら進行形で答えるのが基本ルール。ここではすべて過去形の質問文となっているのですべて過去形で答えること。

この5問にはないが，助動詞が使われている場合は答えも同じ助動詞で答えよう。

・代名詞や there に置き換える

英語では繰り返しを避けるとよいとされているので，人や物は代名詞に置き換えること。また場所は there にするとよい。Lincoln → He にするが②には注意。主語は Lincoln ではなく Lincoln family。family は代名詞 it になることに注意。④場所 New Orleans → there　there は副詞なので前置詞をつけて go to there としないよう注意。

Yes / No の後にコンマ，大文字小文字ミス，ピリオド抜けのようなケアレスミスには十分に気を付けるようにしたい。

国語 四 問八

★ 合否を分けるポイント

本文の主人公である「蔵人得業恵印」は，「鼻蔵人」や「恵印」などとも言い換えられている。その恵印が何をしたのか，また，どのように思うようになったのかという展開を読み取れるかどうかが，合否を分けるポイントになる。そのためには，――部⑨の「さもあらんずらん」の意味を推察した上で，「この事」の指し示す内容をとらえるところから始めよう。

★ こう答えると「合格」できない！

それぞれの選択肢の前半部分は本文の内容と合っているので，前半部分の内容を本文と丁寧に照合していると時間が足りなくなってしまい，「合格」できない。本文に書かれている内容をある程度頭に入れた上で，それぞれの選択肢の後半部分に書かれている，恵印の様子に注目しよう。

★ これで「合格」！

――部⑨の「さもあらんずらん」はいかにもありそうだ，という意味だと推察した上で，「この事」の指し示す内容をとらえよう。「この事」は，恵印が立札にでたらめで書いた，池から龍が登ることを指し示している。また，直前の文の「我がしたることなれども，やうのあるにこそと思ひければ」は，恵印が自分で書いた立札であるにもかかわらず，ご利益があるかもしれないと思うようになったので，という意味だ。ここから，恵印は自分がしたことにも関わらず，騒ぎが大きくなるにつれ，池から龍が登るといううわさは本当なのではないかと思うようになったと述べているウを候補としよう。本文の描写から，アの「多くの人々から尊敬される」，イ「収拾がつかなくなったことを申し訳なく思っている」，エ「反対に自分がだまされてしまった」という恵印の様子が読み取れないことを確認すれば，自信を持って正答のウを選べ，「合格」だ！でたらめの札を自分で立てたにも関わらず，でたらめの通りに龍が登るかもしれないと思って見にいく恵印の滑稽さを読み取ろう。

2024年度

★★★★★★★★★★★★★★★★★★★★★★★★

入　試　問　題

2024年度

大妻嵐山高等学校入試問題

【数　学】（50分）　　＜満点：100点＞

【注意】　鉛筆，消しゴム以外のものを使用できません。

1　次の計算をしなさい。

(1)　$(5.16-3.2\times1.5)\times0.25$

(2)　$0.25^2\div(-0.5)^3+1.8\div(-0.3)^2$

(3)　$(4\sqrt{3}+\sqrt{2})(2\sqrt{2}-\sqrt{75})$

(4)　$(-4xy)^2\div\dfrac{xy}{2}\times5y$

(5)　$\dfrac{3x+2y}{2}+\dfrac{3y-5z}{3}-\dfrac{x+y+z}{6}$

2　次の各問に答えなさい。

(1)　$(x-y)(a+4)+(x-y)(a-1)$ を因数分解しなさい。

(2)　連立方程式 $\begin{cases} 3x+\dfrac{3}{2}y=-\dfrac{3}{2} \\ \dfrac{1}{2}x+\dfrac{5}{6}y=\dfrac{3}{2} \end{cases}$ を解きなさい。

(3)　2次方程式 $(x-2)^2-72=-x+2$ を解きなさい。

(4)　2次方程式 $x^2+ax+b=0$ の解が-12と3のとき，定数 a，b の値を求めなさい。

(5)　735に出来るだけ小さい自然数をかけて，その結果をある整数の平方にしたい。いくつをかければよいか求めなさい。

(6)　次の各問に答えなさい。

①　右の図において，$\angle x$ の大きさを求めなさい。
ただし，点Oは円の中心とします。

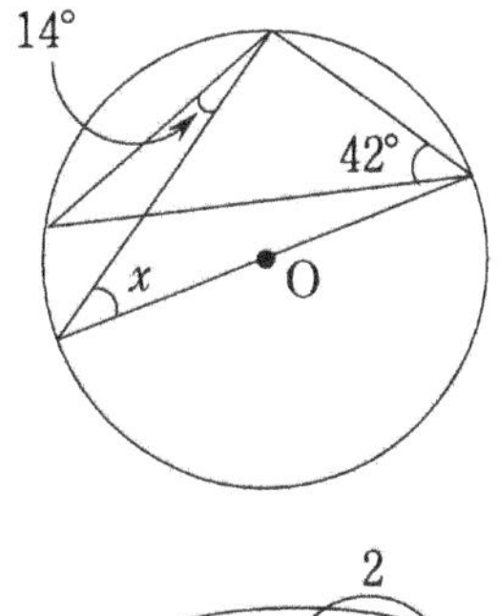

②　右の図において，表面積を求めなさい。
ただし，点Oは底面の円の中心で，円周率はπとします。

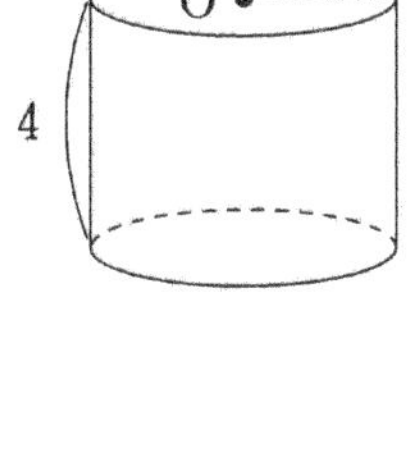

(7) A君，B君，C君の３人が１回じゃんけんをするとき，次の各問に答えなさい。

① A君だけが勝つ確率を求めなさい。

② B君が勝つ確率を求めなさい。

③ あいことなる確率を求めなさい。

3 右の図のように，放物線$y=ax^2$のグラフ上に３点A$(-3,\ 18)$，B$(1,\ a)$，P$(p,\ ap^2)$があります。

このとき，次の各問に答えなさい。

ただし，点Oは原点で，$p>0$とします。

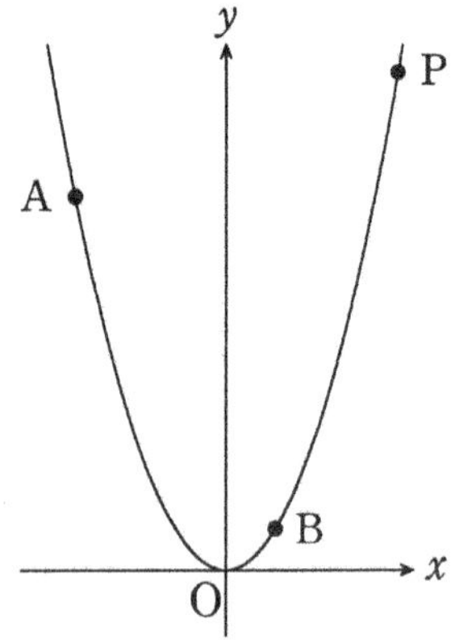

(1) aの値を求めなさい。

(2) 直線ABの方程式を求めなさい。

(3) △OABの面積を求めなさい。

(4) △OABの面積と△OCBの面積が等しくなるように点Cをy軸上の正の部分にとります。このとき，点Cのy座標を求めなさい。

(5) △OABの面積と△OPBの面積が等しくなるときの点Pの座標を求めなさい。

4 右の図のように，線分ABを直径とする半径５㎝の円Oがあり，円周上に∠ABC＝30°となる点Cをとります。また，線分AOを３：２に内分する点をPとし，直線CPと円Oとの交点をDとするとき，CP＝$\sqrt{19}$㎝となります。このとき，次の各問に答えなさい。

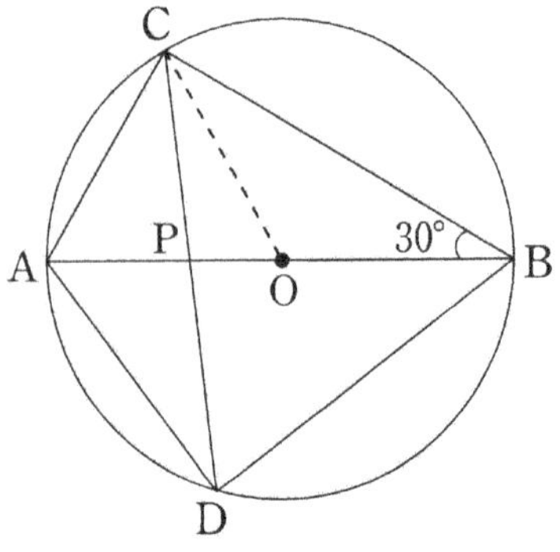

(1) ∠BDCの大きさを求めなさい。

(2) 線分ACの長さを求めなさい。

(3) 線分DPの長さを求めなさい。

(4) △OCPの面積を求めなさい。

(5) △OCPと△ADPの面積比を，もっとも簡単な整数の比で表しなさい。

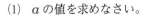

【英　語】（50分）　＜満点：100点＞　　**※リスニングテストの音声は弊社HPにアクセスの上，音声データをダウンロードしてご利用ください。**

Ⅰ　聞き取りテスト

韓国のある習慣についてのスピーチと，その内容に関する質問が読まれます。それぞれの質問に対する答えとして最も適切なものを選び，記号で答えなさい。

1．ア　March 14.　　イ　April 14.
　　ウ　May 14.　　エ　The 14th of every month.

2．ア　The love of a couple will last forever.
　　イ　Your girlfriend will wear a black dress.
　　ウ　Some couples will give you something black.
　　エ　People will know that you don't have a girlfriend.

3．ア　March 14.　　イ　April 14.
　　ウ　May 14.　　エ　The 14th of every month.

4．ア　Happy couples wear yellow clothes to show that they are happy.
　　イ　Couples go out to a curry shop and have a delicious yellow curry.
　　ウ　It is a day for lonely people who are still looking for a girlfriend.
　　エ　Two months after this day, there is Diary Day.

5．ア　St. Valentine's Day in Korea
　　イ　Black Day in Korea
　　ウ　Korean Noodles, Curry, and Chocolate
　　エ　What is New in Korea?

Ⅱ　次の1．～6．の（　）に入る最も適切な語を下のア～エの中からそれぞれ1つずつ選び，記号で答えなさい。

1．He is very fond of (　　　).
　ア　swim　　イ　swims　　ウ　swam　　エ　swimming

2．This is the most interesting book (　　　) I have ever read.
　ア　who　　イ　whose　　ウ　that　　エ　what

3．Let's (　　　) tennis this afternoon.
　ア　play　　イ　plays　　ウ　played　　エ　playing

4．When (　　　) John arrive here?
　ア　is　　イ　was　　ウ　will　　エ　has

5．Please wait here (　　　) two o'clock.
　ア　in　　イ　on　　ウ　for　　エ　until

6．This question is (　　　) easier than that one.
　ア　many　　イ　much　　ウ　more　　エ　most

Ⅲ 次の1．～6．のａ．とｂ．の文がほぼ同じ意味をあらわすように，それぞれの（　）に入る最も適切な英語1語を答えなさい。

1．ａ．My aunt who lives in Tokyo will come to see us next month.
　　ｂ．My aunt (　　　　) in Tokyo will come to see us next month.

2．ａ．It is not good to make a noise in this classroom.
　　ｂ．(　　　　) a noise in this classroom is not good.

3．ａ．We need some food.
　　ｂ．We need something (　　　　)(　　　　).

4．ａ．I'm sorry I cannot stay here longer.
　　ｂ．I (　　　　) I (　　　　)(　　　　) here longer.

5．ａ．On the way to the house, they saw no clouds in the sky.
　　ｂ．On the way to the house, no clouds (　　　　)(　　　　)in the sky.

6．ａ．They enjoyed themselves at the party.
　　ｂ．They had a good (　　　　) at the party.

Ⅳ 次の1．～5．の文の（　）に適切な語を1語ずつ書きなさい。ただし，指定した文字で始めること。

1．(F　　　) is the front of your head, where your eyes nose and mouth are.

2．(R　　　) is used for measuring things and for drawing straight lines.

3．(R　　　) is a large curve of different colors in the sky that is caused by the sun shining through rain.

4．(H　　　) is the things that happened in the past.

5．(T　　　) is one of the hard white objects in your mouth that you use to bite and eat food.

Ⅴ 次の英文はNaoが書いた作文です。英文を読んで後の問いに答えなさい。

An American girl called Kate came to my house last year. She was from the state of Texas. She stayed with US for five days in August.

On the second day of her stay, we visited some places in Toyama. When we came home, I said to Kate, "Would you like some juice?" She thought for a while and then said, "I'd like to have some water, please." I was surprised to hear that and said, "Water?" Kate said, "Yes. I really like the water here. It is very good. You can drink and use as much water as you like. In my state, Texas, ① <u>we cannot</u>. It is very hot and dry there. Toyama is a wonderful place." When I heard her words, I remembered the story of summer in 1994. I heard it from my father.

In that summer, the weather was so hot and dry that there was very little water in the *dams and rivers in Japan. There was very little drinking water. In Nagasaki, for example, they couldn't get water from the *tap for 43 hours. Can you believe they couldn't use water for about two days? In Toyama, too, the dams and rivers had very little water, but the problem was (②). The high mountains gave us enough water. We were very happy. My father said, "Now we know water is very important for us. Toyama is rich in water, so we usually don't think about saving water. But will water always run from the tap? We know the answer. We should not (③) water."

Every day I use water to wash my hands, and to have a bath. I drink water when I want it. I think I can always get water when I need it. I know we can't live without water, but I often forget ④ that, and waste water.

⑤ Now my family tries to be careful about using water. We use our bath water to wash our clothes. I try to use only two glasses of water when I brush my teeth. These things save only a little water each time, but in the end my family believes we save a lot of water. ⑥ Will you join us?

*dam 「ダム」　*tap 「水道の蛇口」

1．下線部①の cannot の後に省略されている内容を英語９語で書きなさい。

2．(②) に入る最も適切な語句を，次のア～エから１つ選び，記号で答えなさい。

ア very big　イ not so big　ウ not easy　エ very difficult

3．(③) に入る最も適切な語を文中から１語選んで書きなさい。

4．下線部④ that はどのような内容を指しているか。日本語で書きなさい。

5．下線部⑤について，Nao と Nao の家族が具体的に行っていることは何ですか。日本語で２つ書きなさい。

6．下線部⑥で Nao が言いたいことは何ですか。次の文の（ ）内の語を並べ替えて，Nao が言いたい内容の文にしなさい。

Let's try (save / to / to / something / water / do).

7．次のａ)～ｃ)の各英文が本文の内容と合うように，（ ）に入る語を，下のア～カから１つずつ選び，記号で答えなさい。

ａ) Kate liked the water in Toyama ( ) it was very good.

ｂ) In summer of 1994, people in Japan did not have ( ) water to use.

ｃ) Nao says that each of us ( ) to think about saving water.

ア has　イ if　ウ enough　エ like　オ little　カ because

Ⅵ 次の文を読んで質問に答えなさい。

Abraham Lincoln was one of the Presidents of the U.S. during the Civil War between the Northern and the Southern states.

Lincoln was born on February 12, 1809, in a little log house and grew up on farm. The Lincoln family was very poor. They were not able to send Lincoln to school or buy him books, but he borrowed books and read them again and again. Lincoln studied hard and became a successfull lawyer. He was famous for his honesty. They called him "Honest Abe."

One day, while he was still young, Abe saw something that he never forgot. He was in New Orleans on business. Some rich merchants were buying and selling black people form Africa. Slavery was very common in Southern states in those days. The slaves whom the white people bought worked on the farms in the South.

"I'll never see my children again!" one African woman was shouting. "This man sold them to a rich white man who lives far from here."

The merchant who was selling the slaves saw Abe and asked, "You, sir, do you want to buy this woman? She works very hard."

"Of course not!" answered Abe. "You can't sell people like dogs and potatoes!"

"Come on, come on! They are not people. They're just slaves," said the merchant.

Lincoln was getting angrier and angrier. "Someday, if I can, I am going to stop this terrible business," Abe said. The merchant laughed and continued his business.

Many years later, when Lincoln was President, he did not forget his promise. In 1863, during the terrible Civil War, he kept his promise and freed all the slaves.

1．①~⑤に続く最も正しい英語をａ）~ｃ）から選び記号で答えなさい。

① Abraham Lincoln was President of the U.S.

ａ）during the War for Independence from England.

ｂ）during the Civil War.

ｃ）in 1809.

② Lincoln grew up

ａ）in Africa.　　ｂ）in New Orleans.　　ｃ）on a farm.

③ Lincoln was not able to

ａ）go to school.　　ｂ）borrow books.　　ｃ）be honest.

④ The slaves were from

ａ）the Northern states.　　ｂ）South America.　　ｃ）Africa.

⑤ Lincoln freed the slaves

ａ）during the Civil War.

ｂ）while he was in New Orleans on business.

ｃ）in the Northern states.

2．次の質問に英語で答えなさい。

① When was Lincoln born?

② Was Lincoln family rich enough to buy books?

③ What was Lincoln famous for?

④ Why did Lincoln go to New Orleans?

⑤ Did Lincoln keep his promise?

記号で答えなさい。

ア　はじめは奇妙なあだ名で呼ばれていた恵印が、猿沢の池で起きた事件をきっかけに見直され、多くの人々から尊敬されるようになったということ。

イ　はじめは根拠のないうわさを信じた人々をばかにしていた恵印が、騒ぎが大きくなり、収拾がつかなくなったことを申し訳なく思っているということ。

ウ　はじめはだまされている人々をばかにしていた恵印が、騒ぎが大きくなるにつれ、もしかしたらうわさは本当なのではないかと思うようになったということ。

エ　はじめはうそに引っかかった人々をばかにしていた恵印が、周辺の国々から集まってきた人々の話を聞くうちに、反対に自分がだまされてしまったということ。

問九　近代のある作家は、この説話を基にして「龍」という短編小説を書いた。他に「羅生門」や「鼻」などの作品で知られるこの作家はだれか。次の中から選び、記号で答えなさい。

ア　森鷗外　　イ　志賀直哉　　ウ　夏目漱石　　エ　芥川龍之介

まで聞き伝へて、集《つど》ひ合ひたり。恵印、「いかにかくは集《あつま》る。何かあらんやうのあるにこそ。怪《あや》しき事かな」と思へども、さりげなくて過ぎ行く程に、すでにその日になりぬれば、道もさり敢《あ》へず、ひしめき集る。

その時になりて、この恵印⑧思ふやう、ただごとにもあらじ。我がしたることなれども、やうのあるにこそと思ひければ、「⑨この事さもあらんずらん。行きて見ん」と思ひて、頭《かしら》つつみて行く。大方近う寄りつくべきにもあらず。興福寺の南大門の壇《だん》の上に登り立ちて、今や龍の登るか登るかと待ちたれども、何の登らんぞ。日も入りぬ。

（『宇治拾遺物語』より）

注　蔵人得業……「蔵人」は出家前の官職。「得業」は僧の等級。
猿沢の池……現在の奈良公園内、興福寺の南にある池。
大和、河内、和泉、摂津国……現在の奈良県、大阪府、兵庫県の東部。
さり敢へず……通れないほど。
興福寺……奈良市にある法相宗の寺。

問一　――部①「ことながし」を説明したものとして最もふさわしいものを次の中から選び、記号で答えなさい。

ア　「こと」は「言」であり、呼び名が長いということ。
イ　「こと」は「殊《こと》」であり、鼻が格別に長いということ。
ウ　「こと」は「異」であり、鼻が異様に長いということ。
エ　「こと」は「事」であり、これから長い事件が起きるということ。

問二　――部②「ける」は、本来「けり」だったが、文中のある語を受けて、活用が変化したものである。その文中の語を一字で抜き出しなさい。

問三　――部③「それ」が指すものを本文中から六字で抜き出しなさい。

問四　――部④「ゆかしき事かな」を、言葉を補って二十字以内で現代語訳しなさい。

問五　――部⑤「をこの事」について、どのようなことを「をこの事」だと言っているのか。最もふさわしいものを次の中から選び、記号で答えなさい。

ア　猿沢の池に、奈良周辺の国々からたくさんの人が集まってきていること。
イ　池のほとりに立てられた、でたらめの札を見て人々が人騒ぎしていること。
ウ　蔵人得業という地位にある自分に対して、奇妙なあだ名をつけていること。
エ　分別のある立派な人が、猿沢の池の端に根拠のないでたらめな札を立てたこと。

問六　――部⑥「をかしく思へども」、⑧「思ふやう」の読み方を、すべて現代仮名遣いのひらがなで書きなさい。

問七　――部⑦「空知らず」の「空」と同じ意味で使われているものを次の中から選び、記号で答えなさい。

ア　上の空　　イ　他人の空似　　ウ　空泣き　　エ　空恐ろしい

問八　――部⑨「この事さもあらんずらん」とあるが、これはどのようなことを表しているか。最もふさわしいものを次のページから選び、

問二　――部②「わざと陽気な声を出しながら」とありますが、この時、父がわざと陽気な声を出した理由が分かる会話文を探し、最初の五字を抜き出しなさい。

問三　――部③「父が座ったのは、俺のいるカウンター席の隣ではなく、背後にある四人席だった」とありますが、その理由が書かれている一文を探し、最初の五字を抜き出しなさい。

問四　父親が、日頃息子のことを気に掛けていることが分かる一文を探し、最初の五字を抜き出しなさい。

問五　この作品では、時計の秒針と雨の音で静けさを表現していますが、焼うどんの味では何を表現していますか。答えなさい。

問六　A に入る言葉を次から選んで記号で答えなさい。

ア　面倒な　　イ　明るい　　ウ　自然な　　エ　急いだ

問七　――部④「死んだ母ちゃんの教えどおり、俺は自分の意思を尊重しながら生きる」とありますが、なぜ父はそう思ったのですか。その理由が分かる部分を探し、次の □ に合うように、四十字以上五十字以内で探し、最初と最後の五字を抜き出しなさい。

□ たくないから。

問八　B に入る言葉を本文中から九字で探して、答えなさい。

問九　――部⑤「胃が重くなるような未来」とはどのような未来ですか。最もふさわしいものを次の中から選び、記号で答えなさい。

ア　自分の主張を断られた悔しさを抱えて生活していかなければならない未来。

イ　料理を作ることが好きな父から料理を作ることを奪ってしまった後悔が残る未来。

ウ　父を困らせようとして『こども飯』をやめて欲しいと言ったが、受け入れられなくて残念な未来。

エ　『こども飯』をやめた店に学校から帰ってきた時に味わうであろう寂しい未来。

問十　――部⑥「むしろ」とは、何より「むしろ」なのですか。次の □ に言葉を入れて答えなさい。

□ 時より「むしろ」。

四　次の文章を読んで、後の問いに答えなさい。

これも今は昔、奈良に、蔵人《くらうど》得業《とくごふ》恵印《ゑいん》といふ僧《そう》ありけり。鼻大きにて。赤かりければ、「大鼻の蔵人得業」といひけるを、後《のち》ざまには、①ことながしとて、「鼻蔵人」とぞいひ②ける。なほ後々《のちのち》には、「鼻蔵《はなくら》鼻蔵」とのみいひけり。

③それが若かりける時に、猿沢《さるさは》の池の端《はた》に、「その月のその日、この池より龍《りよう》登らんずるなり」といふ札を立てけるを、往来《ゆきき》の者、若き老いたる、さるべき(分別のある)人々、「④ゆかしき(見たい)事かな」と、ささめき合ひたり。この鼻蔵人、「をかしき事かな。我がしたる事を、人々騒ぎ合ひたり。⑤をこの事かな」と、心中に⑥をかしく思へども、すかしふせん(だまし通そう)とて、⑦空知らずして過ぎ行く程に、その月になりぬ。大方《おほかた》大和《やまと》、河内《かはち》、和泉《いづみ》、摂津国《せつつのくに》の者

ちた気がした。それでも、かまわず食べ続けた。

すると、背後で、また、コツン、という乾いた音がした。

父がビールのグラスを置いたのだ。

「ちなみに、だけどな」

穏やかな父の声を、俺は背中で撥《は》ね返そうとして無視をした。でも、父はかまわず言葉を続けた。

「心也が不幸になると、自動的に俺も不幸になっちまう」

「……」

「だから、心也が不幸になるんだったら、俺は『こども飯』をやめるよ」

「……」

「それが［　B　］と決めている俺が、自分で決めた意思だ」

咀嚼《そしゃく》した焼うどんを飲み込んだ。

店内がふたたび静かになって、時計の秒針と雨の音がやけに大きく聞こえはじめた。

なんだよ。マジかよ。やめるのかよ。

俺に、⑤胃が重くなるような未来を想像させておいて、やめるのかよ――。

そもそも自分からやめて欲しいと言ったのに、いざ父が賛成してくれたら、それにも不平を言いたくなって、胸の奥のもやもやが⑥むしろ一気に膨張してきた。正直、少し息苦しいほどだった。それでも、俺は、焼うどんを頬張った。そして、いつもよりしっかりと噛《か》んだ。背中に父の存在を感じると鼻の奥がツンとしてきそうだったから、必死に噛むことに集中したのだ。

やがて、静かすぎる店のなかで、俺は焼うどんを完食した。

皿の上にそっと箸を置き、背中越しに言った。

「ごちそうさまでした」

少し、声がかすれてしまった。

「おう、美味かったか？」

母がいなくなってから、何度も、何度も、父と俺のあいだで交わされてきた短い言葉のやりとり。

ちょっと腹が立つから、今日くらいはイレギュラーな返事にしてやれ、と俺は思った。

「まずかった」

ぽつりと言ったら、背後で父が吹き出した。

「あははは。心也、お前なぁ――」

「……」

「ほんと、死んだ母ちゃんによく似てるわ」

俺はあえて振り返らずに、空になった皿を見下ろしていた。

すると父が、ますます愉快そうに続けた。

「母ちゃんも、お前も、嘘をつくのが下手すぎなんだよなぁ」

その言葉に肩の力が抜けて、フッと笑いそうになった瞬間、なぜか同時に鼻の奥が熱くなってしまって……、それから俺は、しばらくのあいだ後ろを振り向けなかった。

（森沢明夫『おいしくて泣くとき』より）

注　三和土…店舗や玄関などで、靴を履いたまま歩く場所のこと。

問一　――部①「憂鬱な心」とは何ですか。次の［　］に言葉を入れて答えなさい。

［　　　　　　　　　　］と言わなければならないこと。

なんだか少しだけ味がぼやけた気がした。

父は、少しのあいだ何も答えなかった。しかし、ふたたび店のシャッターがガタガタと音を立てたとき、いつもと変わらず野太くて、でも、いつもより少し穏やかな声で言った。

「学校で、何か言われたのか？」

俺の脳裏に、あの汚い落書きの文字がちらついた。

「別に、言われたわけじゃないけど」

嘘《うそ》はついていない。言われたのではなくて、書かれたのだ。俺は心のなかで自分自身に屁理屈《へりくつ》を言っていた。すると、

「くくく」

と、父が笑い出した。

「なに？」

俺は箸を手にしたまま、思わず後ろを振り向いた。

「ほんとお前って、昔から嘘が下手なのな」

「は？　嘘なんて――」

「まあ、いいけどよ」父は美味《うま》そうにビールをごくごく飲んで、「ちょっと想像してみろよ」と言った。

「想像？」

「ああ。『こども飯』をやめた俺と、その後の食堂をイメージしてみろって」

「…………」

「しかも、自分から進んでやめたんじゃなくて、どこぞの部外者の言葉に屈して『こども飯』サービスをあきらめた俺と、子どもたちが来なくなったこの食堂と、そうなった店に学校から帰ってくる自分のこともな」

想像をしかけて、すぐにやめた。まじめに想像をするまでもない。というか、すでに胃のあたりが重くなっていたのだ。

俺が、何も答えられずにいると、ふいに父はやわらかい目をした。

「なあ心也、死んだ母ちゃんは賢かっただろ？」

「え？」

「その母ちゃんが、言ってたんだ」

「…………」

「人の幸せってのは、学歴や収入で決まるんじゃなくて、むしろ『自分の意思で判断しながら生きているかどうか』に左右されるんだって」

「…………」

「あ、お前、その目は疑ってるな？」

「いや、べつに」

「いまのは俺の言葉じゃなくて、本当に母ちゃんの言葉だからな。しかも、国連だか何だかがちゃんと調べたデータらしいぞ」

「分かったよ、それは」

「よし。てなわけで、④死んだ母ちゃんの教えどおり、俺は自分の意思を尊重しながら生きる。やりたいようにやる」

父はニヤリと笑って、ビールをあおった。

「…………」

なるほど、やっぱり俺の意見は流されるってことか。

そう思ったら、言葉にならないもやもやが胸のなかで膨《ふく》らみはじめた。俺はふたたび父に背中を向けた。そして、黙って焼うどんを口に運んだ。少し冷めてしまった麺《めん》は、さっきよりも粘ついていて、風味も落

らして、明るいままの声で続けた。

「いきなりびしょ濡れで帰ってきて、あんなに深刻な顔してんだもんなぁ。しかも、帰ってすぐに腹が減ったなんて言い出すのも珍しいだろ？　さすがの俺でも、何かあったんだろうなって思うぞ」

「別に、深刻な顔なんて――」

言いながら背後を振り向いたら、

「してた、してた」

と父はからかうように笑う。

俺、そんなに深刻な顔をしてたのか――。

正直、自分としては心外だったけれど、そういえば、景子さんに言われたことがあった。学校から帰ってきたときの俺の顔を、毎日、父は観察しているのだと。

「まあ、別に、深刻ってほどのことじゃないんだけど」

俺は、後ろを振り返ったまま言った。

「そうか。それなら、それでいいけどな」

父はグラスをテーブルに置き、コツン、という乾いた音を店内に響かせた。

チ、チ、チ、チ、チ……。

客席の壁かけ時計が秒針の音を漂わせ、窓の隙間からは雨音が忍び込んでくる。

母がいなくなってから、この家に一気に増えた静けさ。父が陽気な人だからこそ、ふと黙った瞬間の静けさがいっそう深く感じられるのだと思う。

外で突風が吹いて、店のシャッターがガタガタと大きな音を立てた。

「心也」

父が俺の名を呼んだ。いつもと変わらぬ、野太くて明るい声色で。

「え？」

「とりあえず、うどん、あったかいうちに食べちゃえよ」

「あ、うん」

俺はカウンターに向き直り、止めていた箸を動かした。そして、食べながらふと気づいた。

父は、わざと俺の後ろの席に座ってくれたのだ。

少しでも俺がしゃべりやすくなるように。

「うめえか？」

「うん」

それからしばらく父は黙ってビールを飲んでいた。

俺も黙々と箸を動かした。

そして、半分くらい食べたとき、なんとなく [A] 感じで俺の口が動いてくれたのだった。

「あのさ」

と、焼うどんを見ながら言った。

「おう」

「うちの『こども飯』のことなんだけど」

「…………」

背後の父は返事をしなかった。でも、ちゃんと耳を傾けてくれている気配は感じられた。

「そろそろ、やめない？」

ああ、言っちゃったな――、そう思いながら焼うどんを頬張《ほおば》ったら、階段を降り、三和土でサンダルを履いて厨房へ。そのまま客席へと廻《まわ》り、調理をしている父と対面するカウンター席に腰掛けた。

ジュウジュウといい音を立てながら、父はフライパンを振っていた。

「すぐにできるからな」

「うん」

視線を手元に落として調理しているときの父の顔は、目尻と口元が穏やかで、どこか微笑んでいるようにも見える。

そういえば、俺がまだ夕花と二人で遊んでいた頃——つまり、母が生きていた頃——調理中の父の顔を見て、ストレートに訊《き》いたことがある。「お父さんって、ご飯つくるの、好きなの?」と。すると父は、いっそう目を細めて俺の頭をごしごし撫《な》でながら、こう答えたのだった。

「もちろん好きだよ。食べてくれた人が『美味《おい》しい』って言ってくれたら、もっともっと好きになっちゃうだろうな」

あの頃よりも、父の目尻のしわは深くなり、髪の毛には白いものが混じるようになった。筋骨隆々としていた身体も、ひとまわり小さくなった気がする。

「あらよっと」

②わざと陽気な声を出しながら、父がフライパンの鍋肌《なべはだ》に醤油《しょうゆ》を回しかけた。

食欲をかき立てる、焦げた醤油のいい匂いが立ちのぼる。

思えば、毎日、毎日——、俺は、この人の作ったご飯を食べて育ったんだよな……。

父の目尻のしわを見ていたら、ふと、そんなことを思った。

「よおし、完成だ」

フライパンから皿に盛られたのは焼うどんだった。「こども飯」でリクエストの多い人気の裏メニューだ。

「ほれ」

「ありがと」

厨房から差し出された皿を受け取った。にんにくとバターと醤油の香りのする湯気が立ちのぼり、たっぷりのせた鰹節《かつおぶし》が生き物のように揺れ動いている。

「いただきます」

「おう」

俺が焼うどんを食べはじめると、父は「さてと」と言って、厨房の冷蔵庫から瓶ビールを出し、栓を抜いた。そして、グラスも手にして客席に出てきた。

③父が座ったのは、俺のいるカウンター席の隣ではなく、背後にある四人席だった。

「くはぁ、明るい時間に飲むビールは最高だなぁ。台風さまさまだ」

陽気な父の声を背中で聞きながら、俺はしゃべり出すタイミングを計っていた。すると、思いがけず父の方からそのタイミングをくれたのだった。

「で、心也、お前、俺に何か言いたいことがあるんじゃねえのか?」

「え?」

不意をつかれた俺は、手にしていた箸《はし》を止めた。

「学校で何かあったのか?」

「…………」

直球で訊かれた俺が言葉を詰まらせていると、父はごくごくと喉を鳴

【国　語】（五〇分）〈満点：一〇〇点〉

一　次の問いに答えなさい。

問一　次の――部の読みをひらがなで書きなさい。

①　努力の結果、成績は著しく向上した。
②　来年には債務を返済することができそうだ。
③　プロジェクトを完遂するために全力を尽くす。
④　長時間の仕事の後、彼は疲れ切って床についた。
⑤　姉は幼いころから才媛だと言われていた。

問二　次の――部のカタカナを漢字に直しなさい。

①　上告はキキャクされた。
②　五年ぶりの新作は、多くの批評家によってケッサクと評価された。
③　競争激化によるソンシツが大きい。
④　大きな神社の境内をサンサクする。
⑤　ＳＮＳは時間のロウヒの要因だ。

問三　次の故事成語・ことわざの意味を後の選択肢のなかから選び、記号で答えなさい。

①　生き馬の目を抜く
②　取らぬ狸《たぬき》の皮算用
③　船に刻みて剣を求む
④　論語読みの論語知らず
⑤　牛に引かれて善光寺参り

ア　言ってもどうしようもないことを、くどくどと繰り返して言うこと
イ　時勢が移り変わっていることを知らず、古い慣習などを固守すること
ウ　自分の意志とは関係なく、思いがけずよい方向に導かれること
エ　書物の内容は理解していても、それを実際に応用できない者のこと
オ　ずるくて抜け目がなく、油断がならないこと
カ　不確実なことをあてにして、あれこれと計画を立てること
キ　やる気のない者や強情な者を、無理に動かそうとすること
ク　良い環境にいると、その影響を受けて自然によい習慣が身につくこと

二　※問題に使用された作品の著作権者が二次使用の許可を出していないため、問題を掲載しておりません。

（出典：今井むつみ『ことばの発達の謎を解く』より）

三　次の文章を読んで、後の問いに答えなさい。

俺は、厨房《ちゅうぼう》の脇にある三和土《たたき》で、濡《ぬ》れた靴と靴下を脱いで家に上がった。そして、二階の自室に入り、濡れた身体とカバンをタオルでよく拭《ふ》き、Ｔシャツとショートパンツに着替えた。

雨で冷やされた身体は、着替えたあとも少しひんやりとしていて、①憂鬱《ゆううつ》な心とは裏腹にこざっぱりとしていた。

さてと――、

「ふう」

俺はひとつ息を吐いてから部屋を出た。

2024年度

解　答　と　解　説

《2024年度の配点は解答欄に掲載してあります。》

＜数学解答＞

1　(1)　$0.09\left[\dfrac{9}{100}\right]$　(2)　$19.5\left[\dfrac{39}{2}\right]$　(3)　$3\sqrt{6}-56$　(4)　$160xy^2$

(5)　$\dfrac{8x+11y-11z}{6}$

2　(1)　$(x-y)(2a+3)$　(2)　$x=-2,\ y=3$　(3)　$x=-7,\ 10$　(4)　$a=9,\ b=-36$

(5)　15　(6)　①　$\angle x=34°$　②　$24\pi\ \text{cm}^2$　(7)　①　$\dfrac{1}{9}$　②　$\dfrac{1}{3}$　③　$\dfrac{1}{3}$

3　(1)　$a=2$　(2)　$y=-4x+6$　(3)　12　(4)　24　(5)　P(4, 32)

4　(1)　60°　(2)　5cm　(3)　$\dfrac{21\sqrt{19}}{19}$cm　(4)　$\dfrac{5\sqrt{3}}{2}\text{cm}^2$

(5)　△OCP：△ADP＝38：63

○配点○

各4点×25　　計100点

＜数学解説＞

基本　**1**　(数・式の計算，平方根の計算)

(1)　$(5.16-3.2\times1.5)\times0.25=(5.16-4.8)\times0.25=0.36\times0.25=0.6^2\times0.5^2=(0.6\times0.5)^2=0.3^2=0.09$

【別解】　与式$=\left(\dfrac{516}{100}-\dfrac{32}{10}\times\dfrac{15}{10}\right)\times\dfrac{1}{4}=\left(\dfrac{516}{100}-\dfrac{480}{100}\right)\times\dfrac{1}{4}=\dfrac{36}{100}\times\dfrac{1}{4}=\dfrac{9}{100}$

(2)　$0.25^2\div(-0.5)^3+1.8\div(-0.3)^2=-\dfrac{0.25\times0.25}{0.5\times0.5\times0.5}+\dfrac{1.8}{0.3\times0.3}=-0.5+20=19.5$　【別解】　与式$=\left(\dfrac{1}{4}\right)^2\div\left(-\dfrac{1}{2}\right)^3+\dfrac{18}{10}\div\left(\dfrac{3}{10}\right)^2=\dfrac{1}{16}\times(-8)+\dfrac{18}{10}\times\dfrac{100}{9}=-\dfrac{1}{2}+20=-\dfrac{1}{2}+\dfrac{40}{2}=\dfrac{39}{2}$

(3)　$(4\sqrt{3}+\sqrt{2})(2\sqrt{2}-\sqrt{75})=(4\sqrt{3}+\sqrt{2})(2\sqrt{2}-5\sqrt{3})=8\sqrt{6}-60+4-5\sqrt{6}=3\sqrt{6}-56$

(4)　$(-4xy)^2\div\dfrac{xy}{2}\times5y=16x^2y^2\times\dfrac{2}{xy}\times5y=160xy^2$

(5)　$\dfrac{3x+2y}{2}+\dfrac{3y-5z}{3}-\dfrac{x+y+z}{6}=\dfrac{3(3x+2y)+2(3y-5z)-(x+y+z)}{6}=$
$\dfrac{9x+6y+6y-10z-x-y-z}{6}=\dfrac{8x+11y-11z}{6}$

2　(因数分解，連立方程式，2次方程式，平方数，角度，表面積，確率)

基本　(1)　$(x-y)(a+4)+(x-y)(a-1)=(x-y)(a+4+a-1)=(x-y)(2a+3)$

(2)　$3x+\dfrac{3}{2}y=-\dfrac{3}{2}$　両辺を2倍して，$6x+3y=-3$，$2x+y=-1$…①　$\dfrac{1}{2}x+\dfrac{5}{6}y=\dfrac{3}{2}$　両辺を6倍して，$3x+5y=9$…②　①×5－②から，$7x=-14$，$x=-2$　①に$x=-2$を代入して，$2\times(-2)+y=-1$，$y=-1+4=3$

(3)　$(x-2)^2-72=-x+2$　$x-2=$Mとおくと，$\text{M}^2-72=-\text{M}$，$\text{M}^2+\text{M}-72=0$，$(\text{M}+9)(\text{M}-$

8)=0，$(x-2+9)(x-2-8)=0$，$(x+7)(x-10)=0$，$x=-7$，10

(4)　$x^2+ax+b=0$に，$x=-12$，3を代入して，$(-12)^2-12a+b=0$，$12a-b=144$…①　$3^2+3a+b=0$，$3a+b=-9$…②　①+②から，$15a=135$，$a=9$　②に$a=9$を代入して，$3\times9+b=-9$，$b=-9-27=-36$　【別解】　$a=-\{(-12)+3\}=9$，$b=-12\times3=-36$

(5)　$735=3\times5\times7^2=15\times7^2$　よって，求める自然数は，15

(6)　①　半円の円周角は90°であることと，三角形の内角の和から，$180°-(14°+90°+42°)=34°$　円周角の定理より，$\angle x=34°$

②　$\pi\times2^2\times2+4\times2\pi\times2=8\pi+16\pi=24\pi\,(\mathrm{cm}^2)$

(7)　3人のじゃんけんの手の出し方は，$3\times3\times3=27$(通り)

①　A君だけが勝つ場合は，(A，B，C)=(グー，チョキ，チョキ)，(チョキ，パー，パー)，(パー，グー，グー)の3通り　よって，求める確率は，$\frac{3}{27}=\frac{1}{9}$

②　B君だけが勝つ場合は①と同様に3通り，A君とB君が勝つ場合は，(A，B，C)=(グー，グー，チョキ)，(チョキ，チョキ，パー)，(パー，パー，グー)の3通り，B君とC君が勝つ場合も同様に3通り　よって，B君が勝つ場合は，$3+3+3=9$(通り)　したがって，求める確率は，$\frac{9}{27}=\frac{1}{3}$

③　あいことなる場合は，全員が同じ手を出す場合の3通りと，全員が異なる手を出す場合の(A，B，C)=(グー，チョキ，パー)，(グー，パー，チョキ)，(チョキ，グー，パー)，(チョキ，パー，グー)，(パー，グー，チョキ)，(パー，チョキ，グー)の6通り　よって，全部で$3+6=9$(通り)　したがって，求める確率は，$\frac{9}{27}=\frac{1}{3}$

3 (図形と関数・グラフの融合問題)

基本　(1)　$y=ax^2$に点Aの座標を代入して，$18=a\times(-3)^2$　$9a=18$　$a=2$

(2)　B(1，2)　直線ABの傾きは，$\frac{2-18}{1-(-3)}=\frac{-16}{4}=-4$　直線ABの式を$y=-4x+b$として点Bの座標を代入すると，$2=-4\times1+b$，$b=6$　よって，直線ABの式は，$y=-4x+6$

(3)　$\triangle\mathrm{OAB}=\frac{1}{2}\times6\times3+\frac{1}{2}\times6\times1=9+3=12$

重要　(4)，(5)　$y=2x^2$…①　直線OBの傾きは，$\frac{2}{1}=2$　点Aを通り直線OBに平行な直線の式を$y=2x+c$として点Aの座標を代入すると，$18=2\times(-3)+c$　$c=24$　よって，点Cのy座標は24　$y=2x+24$…②　①と②の交点で点Aとは異なる点をPとすると，△OAB=△OPBとなる。①と②からyを消去すると，$2x^2=2x+24$，$x^2=x+12$，$x^2-x-12=0$，$(x+3)(x-4)=0$，$x=-3$，4　①に$x=4$を代入して，$y=2\times4^2=32$　よって，P(4，32)

4 (平面図形の計量問題―円の性質，角度，三角形の相似，面積)

基本　(1)　ABは円の直径だから，∠ACB=90°　よって，∠BAC=60°　弧BCの円周角だから，∠BDC=∠BAC=60°

基本　(2)　△ABCは∠ABC=30°の直角三角形だから，$\mathrm{AC}=\frac{\mathrm{AB}}{2}=\frac{10}{2}=5\,(\mathrm{cm})$

(3)　$\mathrm{AP}=5\times\frac{3}{5}=3$，$\mathrm{BP}=10-3=7$　△APC∽△DPBから，AP：DP=CP：BP　$3:\mathrm{DP}=\sqrt{19}:7$　$\mathrm{DP}=\frac{21}{\sqrt{19}}=\frac{21\sqrt{19}}{19}\,(\mathrm{cm})$

(4)　$\mathrm{BC}=\mathrm{AC}\times\sqrt{3}=5\sqrt{3}$，$\mathrm{OP}=5-3=2$　点CからABへ垂線CHをひくと，△CBHは∠CBH=30°

の直角三角形だから，CH=$\frac{BC}{2}=\frac{5\sqrt{3}}{2}$　よって，△OCP=$\frac{1}{2}$×OP×CH=$\frac{1}{2}$×2×$\frac{5\sqrt{3}}{2}=\frac{5\sqrt{3}}{2}$ (cm^2)

重要　(5)　△OCP：△BCP=OP：BP=2：7…①　△ADP∽△CBPで，相似比は，AP：CP=3：$\sqrt{19}$　よって，面積比は，△ADP：△CBP=3^2：$(\sqrt{19})^2$=9：19…②　①と②から，△OCP=$\frac{2}{7}$△BCP=$\frac{2}{7}\times\frac{19}{9}$△ADP=$\frac{38}{63}$△ADP　よって，△OCP：△ADP=38：63

★ワンポイントアドバイス★

3 (4)は，(3)を利用して$\frac{1}{2}$×(点Cのy座標)×1=12から求めると，(点Cのy座標)=12×2=24

＜英語解答＞

Ⅰ　1 イ　2 エ　3 ウ　4 ウ　5 イ

Ⅱ　1 エ　2 ウ　3 ア　4 ウ　5 エ　6 イ

Ⅲ　1 living　2 Making　3 to eat　4 wish, could stay　5 were seen　6 time

Ⅳ　1 Face　2 Ruler　3 Rainbow　4 History　5 Tooth

Ⅴ　1 drink and[or] use as much water as we like　2 イ　3 waste　4 水なしで生きられないこと　5 1つ目　風呂の水を洗濯に使う　2つ目　歯磨きの時にはコップ2杯の水しか使わない　6 (Let's try) to do something to save water　7 a) カ　b) ウ　c) ア

Ⅵ　1 ① b)　② c)　③ a)　④ c)　⑤ a)
2 ① He was born on February 12, 1809.　② No, it wasn't.
③ He was famous for his honesty.　④ He went there on business.
⑤ Yes, he did.

○配点○

Ⅰ・Ⅱ　各2点×11　Ⅲ・Ⅳ　各3点×11　Ⅴ　各2点×10　Ⅵ　1　各2点×5
2　各3点×5　計100点

＜英語解説＞

Ⅰ　(リスニングテスト)

What is the "Black Day?" In Korea, they have St. Valentine's Day on February 14. White Day on March 14, and then Black Day on April 14.

On Black Day, you may see some boys in black hats, black clothes and black shoes. Everything they wear is black. They also eat noodles with black sauce. Why do they do that? They will say, "We couldn't find a girlfriend on St. Valentine's Day and White Day. We dress in black and go out on Black Day to show that we don't have a girlfriend." It helps them to get a girlfriend. Black Day is specifically for single people. It is also called

Korea singles day. The Day is a big chance for them.

What will they do if they can't find a girlfriend, even on Black Day? They will say, "We'll have another chance. On May 14, we'll wear yellow clothes and go out and eat curry." This is "Yellow Day." In Korea, on the 14th of every month, there are special events like Kiss Day, Music Day, Diary Day, and so on.

It is St. Valentine's Day today. Many Korean boys hope that they don't have to dress in black in two months.

Question1 : When is "Black Day"?
Question2 : What will happen if you dress in black on "Black Day"?
Question3 : When is "Yellow Day"?
Question4 : What is right about "Yellow Day"?
Question5 : What is the best title for this speech?

「ブラックデー」とは何か？　韓国では，バレンタインデーは2月14日，ホワイトデーは3月14日，そしてブラックデーが4月14日にある。

ブラックデーには，黒い帽子に黒い服そして黒い靴を履いた男子を見かけるだろう。彼らが身に着ける物はすべて黒である。彼らは黒いたれの麺も食べる。なぜそのようなことをするのだろう？「僕たちはバレンタインデーやホワイトデーにガーフレンドを見つけられなかった。自分たちにはガールフレンドがいないことを示すために黒い服を着てブラックデーに出かける」と彼らは言うだろう。それはガールフレンドを作るために役に立つのだ。ブラックデーは特に独身のためのものである。韓国独身の日とも言われる。彼らにとってその日は大きなチャンスの日なのだ。

ブラックデーでもガールフレンドができなかったら彼らはどうするのだろう？　「僕たちにはもう一回チャンスがある。5月14日には黄色い服を着てカレーを食べに行く」と彼らは言うだろう。これが「イエローデー」。韓国では毎月14日は，キスの日，音楽の日，日記の日などのような特別なイベントの日となっている。

今日はバレンタインデー。多くの韓国男子たちは2か月後に黒い服を着なくて済むことを願っている。

Q1 「ブラックデーはいつですか？」
Q2 「ブラックデーに黒い服を着るとどうなりますか？」
Q3 「イエローデーはいつですか？」
Q4 「イエローデーで正しいのはどれですか？」
Q5 「このスピーチに最適なタイトルは何ですか？」

重要 Ⅱ **（適語選択補充問題：動名詞，関係代名詞，慣用句，前置詞，比較，副詞）**

1 「彼は水泳が大好きだ」 be fond of ～ = like 「～が好きだ」の意味。前置詞 of に続くので動名詞 swimming を入れる。

2 「これは私がこれまでに読んだ中で一番面白い本だ」 先行詞(the most interesting) book は物で空所の後に〈主語＋動詞〉が続くことから目的格の関係代名詞 that を入れる。

3 「今日の午後一緒にテニスをしましょう」〈let's ＋動詞の原形〉で「～しましょう」という意味の勧誘表現。

4 「ジョンはいつここに到着しますか？」 arrive が一般動詞の原形であることから will 以外は不可。will を入れて未来形の文にする。

5 「2時までここで待っていてください」「2時まで」というある時点までの継続を表す前置詞はエ until。ア 〈in ＋時間〉「～のうちに」 イ 時間には使えない ウ 〈for ＋時間〉「～の間」期

間を表す

6 「この問題はあの問題よりもずっと簡単だ」 easier という比較級を強調する時には much を使う。

重要 Ⅲ (書き換え問題：関係代名詞，動名詞，分詞，不定詞，仮定法，受け身，慣用句)

1 「東京に住んでいる叔母が来月私たちに会いに来る」 関係代名詞節で aunt を修飾する文から，分詞の後置修飾で aunt を修飾する文にする。aunt と live は〈主語＋動詞〉の関係にあるので現在分詞 living を入れる。

2 「この教室でうるさくするのは良くない」 〈It is ～ to …〉「…するのは～だ」 It が to 以下を指す形式主語構文を使った文から，動名詞を主語にする文にする。動詞を主語に置く場合，不定詞か動名詞にするが，ここでは空所の数から動名詞 Making を入れる。make a noise で「うるさくする」の意。文頭なので大文字にすること。

3 「私たちは食べ物が必要だ」 some food「いくらかの食べ物」→ something to eat「何か食べる物」 to eat は something を修飾する形容詞用法の不定詞。直訳すると「食べるための何か」

4 「ここにもっといられないのは残念だ」→「ここにもっといられたらいいのになぁ」 I'm sorry (that) …「…が残念だ」の意味。〈I wish ＋仮定法過去[助動詞の過去形＋動詞の原形]〉「…だったらいいのに」願望を表すので I wish I could stay …. という文にする。

5 「帰宅途中，空には雲が見られなかった」能動態から受動態〈be動詞＋過去分詞〉にする。時制は過去，主語は clouds と複数形なので were seen を入れる。

6 「彼らはパーティーを楽しんだ」 enjoy oneself「～を楽しむ[楽しく過ごす]」＝ have a good time

基本 Ⅳ (語彙問題)

全問大文字で始めることに注意。

1 「顔は頭の前にあり，そこには目と鼻と口がある」 Face「顔」

2 「定規は何かを測ったり，まっすぐな線を描くときに使う」 Ruler「定規」

3 「虹は雨を通して太陽が照る時に起こる，空にかかる様々な色の大きな曲線」 Rainbow「虹」

4 「歴史は過去に起こったこと」 History「歴史」

5 「歯は噛んだり食べたりするときに使う口の中にある固くて白いものの一つ」 Tooth「歯」

重要 Ⅴ (長文度読解問題・作文：内容把握，適語選択補充，語句整序)

(全訳) ケイトというアメリカの女の子が昨年私たちの家にやって来た。彼女はテキサス州出身だった。彼女は8月に5日間私たちのところに滞在した。

滞在2日目，私たちは富山で何か所かを訪れた。家に戻って私はケイトに言った。「ジュースを飲む？」 彼女はしばらく考えてから言った。「お水が欲しいです。」それを聞いて私は驚いて「お水？」と聞いた。ケイトは「はい。ここのお水が大好きです。とてもおいしい。あなたたちはお水を好きなだけ飲める。私の州テキサスでは①そうはできない。そこはとても暑くて乾燥している。富山は素晴らしい場所ですね。」と言った。彼女の言葉を聞いて，私は父から聞いた1994年の夏の話を思い出した。

あの夏の気候はとても暑く乾燥していたので日本のダムや川の水はほとんどなくなってしまった。飲み水もほとんどなくなってしまった。たとえば長崎では，43時間水道の蛇口から水が出なかった。2日間も水が使えないなんて想像できるだろうか？ 富山でもダムや川の水がほとんどなくなったが，問題は②それほど大きくはなかった。高い山々が私たちに十分な水をくれたのだ。私たちはとても幸せだった。父は「水は私たちにとってとても大切だと今はわかる。富山は水が豊富だから，水を節約することを普段は考えない。でもいつも蛇口から水が出るのだろうか？ 答えはわかっている。私たちは水を無駄にするべきではない」と言った。

毎日私は手を洗い風呂に入るために水を使う。飲みたいときに水を飲む。私は必要な時にいつでも水を手に入れられると思う。私たちは水なしには生きられないことを知っているが，④そのことをよく忘れて水を無駄にしてしまう。

⑤今では私たち家族は水の使い方に気を付けている。衣類の洗濯には風呂の水を使っている。私は歯を磨くときにはコップ2杯分の水しか使わないようにしている。これらのことは毎回ほんの少しの水の節約にしかならないが，結果的には大きな節約になると私たち家族は信じている。⑥一緒にやってみませんか？

1　直前の You can ～ との対比で we cannot と言っているので we cannot drink and(or) use as much water as we like ということ。主語に合わせて you を we に変えること。

2　段落前半で長崎では水不足の影響で断水が43時間あったことが書かれている。②の後で富山は山々からの水のおかげで深刻な事態にはならなかったことがわかる。したがって the problem was not so big「問題はそれほど大きくなかった」とするのが適当。

3　富山は水が豊富で水を節約することをあまり考えない…という内容に続けるので，waste を入れ We should not waste water.「私たちは水を無駄にするべきではない」とする。

4　that は前出の内容を指す。ここでは直前の we can't live without water を指すのでこの部分をまとめる。

5　下線部直後の2文に具体的に行っていることが具体的に書かれているので，それぞれをまとめる。1つ目 to wash our clothes「私たちの衣類を洗うために」目的を表す不定詞。そのまま日本語にせず「風呂水を洗濯に使う」とまとめてよい。　2つ目 two glasses of water「コップ2杯分の水」 brush my teeth「歯を磨く」

6　(Let's try) to do something to save water.「水を節約するために何かをしてみよう」ということ。try to ～「～してみる」 to save water「水を節約するために」目的を表す副詞用法の不定詞。

7　a)「ケイトは富山の水が好きだった。なぜならとてもおいしかったから」第2段落 Kate said, で始まるケイトのセリフ参照。ここの水が好きで，とてもおいしいと言っている。空所には理由を表す because を入れる。　b)「1994年の夏，日本の人たちは使うための水が十分になかった」第3段落最初の文参照。　enough を入れて not enough water to use「使うための水が十分にない」 c)「ナオは私たちのそれぞれが水を節約することを考えなくてはいけないと言う」最終段落最終文で呼びかけている内容は水を節約すること。「～しなくてはならない」 have to ～ を使うが each は単数扱いなので has を入れる。

Ⅵ　(長文読解問題・歴史：内容把握)

(全訳)　アブラハム・リンカーンは北部と南部の州の内戦中のアメリカ大統領の1人だった。

リンカーンは1809年2月12日，小さなログハウスで生まれ農場で育った。リンカーン家はとても貧しかった。彼らはリンカーンを学校にやったり，本を買ってあげることはできなかったが，彼は本を借りてそれを何度も何度も読んでいた。リンカーンは一生懸命勉強し弁護士として成功した。彼は誠実さで有名だった。彼らは彼のことを「誠実エイブ」呼んでいた。

ある日，彼がまだ若いころ，エイブは決して忘れることのできないものを見た。彼は仕事でニューオーリンズにいた。金持ちの商人たちがアフリカ出身の黒人たちを売買していたのだ。当時，南部の州では奴隷制度は一般的なものだった。南部では，白人たちが買った奴隷たちは農場で働いていた。

「自分の子どもたちに会うことは二度とない！」とアフリカ人の女性が叫んでいた。「その男がここから遠い所に住む金持ちの白人に彼らを売ってしまった。」

奴隷を売っていた商人がエイブに聞いた。「この女性を買いたいですか？　よく働きますよ。」

「もちろん買わない！」エイブは答えた。「犬やじゃがいものように人間を売ることはできない！」

「おいおい！　彼らは人じゃない。奴隷なだけだ」と商人は言った。

リンカーンはますます怒りが増してきた。「いつか，できることなら，このひどい商売をやめさせるつもりだ」エイブは言った。商人は笑い商売を続けた。

何年も経ちリンカーンが大統領だった時，彼はこの約束を忘れなかった。1863年，ひどい内戦の間に彼はこの約束を守り全ての奴隷を解放した。

基本　1　①「アブラハム・リンカーンはアメリカ大統領だった」 a)「イギリスからの独立戦争の間」 b)「内戦の間」(○)　本文最初の文に一致。　c)「1809年に」 ②「リンカーンは…で成長した」 a)「アフリカで」 b)「ニューオーリンズで」 c)「農場で」(○)　第2段落第一文に一致。 ③「リンカーンは…できなかった」 a)「学校に行くことが」(○)　第2段落第3文に一致。 b)「本を借りる」 c)「誠実であること」 ④「奴隷は…から来た」 a)「北部の州」 b)「南アメリカ」 c)「アフリカ」(○)　第3段落第4段落に一致。　⑤「リンカーンは奴隷を解放した」 a)「内戦の間に」(○)　本文最終文に一致。　b)「仕事でニューオーリンズにいた時」 c)「北部の州で」

重要　2　①「リンカーンはいつ生まれましたか」 He was born on February 12, 1809. 第2段落最初の文参照。　②「リンカーンの家族は本を買えるほど裕福でしたか」 No, it wasn't.　第2段落第3文参照。family が主語なので it で答える。　③「リンカーンは何で有名でしたか」 He was famous for his honesty. 第2段落最後から2文目参照。　④「リンカーンはなぜニューオーリンズに行ったのですか」 He went there on business. 第3段落第3文参照。　⑤「リンカーンは約束を守りましたか」 Yes, he did.　本文最終文参照。

★ワンポイントアドバイス★

記述問題が多いのでスペルミスには気を付けよう。Ⅳの語彙問題では，単語1語を書くがすべて大文字で始めること。ケアレスミスでの減点も重なると大きな減点となるので十分に気をつけよう。

<国語解答>

一　問一　①　いちじる　②　さいむ　③　かんすい　④　とこ　⑤　さいえん
問二　①　棄却　②　傑作　③　損失　④　散策　⑤　浪費　問三　①　オ
②　カ　③　イ　④　エ　⑤　ウ

二　問一　ウ　問二　(人には)自分の持つ～という欲求　問三　特に科学で　問四　ア
問五　唯(一)無(二)　問六　(例)　数学の授業をするのではなく，数や量など数学の基礎となる概念について，日常的に子どもに語ること。　問七　エ

三　問一　(例)　父に「こども飯」をやめて欲しい　問二　いきなりび　問三　少しでも俺
問四　学校から帰　問五　(例)　俺の気持ち　問六　ウ　問七　自分から進～をあきらめ　問八　やりたいようにやる　問九　エ　問十　(例)　自分の意見が流された［『こども飯』をやめないと言われた］

四　問一　イ　問二　ぞ　問三　蔵人得業恵印　問四　（例）猿沢の池から龍が登るのを見たいものだ　問五　イ　問六　⑥　おかしくおもえども　⑧　おもうよう
問七　ウ　問八　ウ　問九　エ

○配点○
一　各1点×15　二　問一・問七　各4点×2　問二　5点　問六　8点　他　各3点×3
三　問一・問五・問七・問十　各4点×4　他　各3点×6　四　問四　4点
問六　各1点×2　問八　3点　他　各2点×6　計100点

＜国語解説＞

一　（漢字の読み書き，熟語，ことわざ・慣用句）

問一　①　他の訓読みは「あらわ(す)」。　②　金銭を返済する義務。「債」を使った熟語には，他に「負債」「国債」などがある。　③　最後までやり通すこと。「遂」の訓読みは「と(げる)」。　④　他の訓読みは「ゆか」。　⑤　教養と才能がある女性。

問二　①　請求を退けること。　②　できばえが非常にすぐれていること。　③　利益や財産などを失うこと。　④　目的がなくぶらぶら歩くこと。　⑤　無駄に使うこと。

重要　問三　①は生きている馬の目を抜く，②は狸を捕まえないうちから皮を売って儲ける計算をする，③は舟から剣を落とした場所で船縁に印をつけ後で剣を探そうとした，④は「論語」を解釈できても実践できない，⑤は信仰のない老婆が牛を追いかけ善光寺に着いたことからできた言葉。

二　（論説文―大意・要旨，内容吟味，文脈把握，指示語の問題，脱文・脱語補充，熟語）

問一　直前の「人は人から知識を受け取り，それを使うだけではなく，そこからさらに新しい知識を生み出す……世界中の人たちと共有し，次世代に伝える」にウの説明が最もふさわしい。アとエの説明はこの前の内容に合わない。イの説明は「知識を生み出す」ことについて述べていない。

問二　直後の「子どもがどのように学んでいくのか」を通じて，「人の知性」と「言語」に関してわかったことは何か。「理系，文系」で始まる段落に「赤ちゃんの時から，人は自分の知っていることをことばで他の人に伝えようとします。自分の持つ知識を言語を使って他の人と共有したいという欲求は，人間の性質の本質的な部分」に着目し，ここから「人」に「ある」ものを抜き出す。

基本　問三　直前の文「特に科学で使う用語は，同じ分野の研究者同士でも，違う意味で違う使い方をすることがよくあります」と理由が書かれている。

問四　一つ後の文の「スポーツ，音楽，美術など言語で表現しない分野を教える時ほど，教える側には研ぎ澄まされた言語の感覚が要求」にふさわしいのは，「比喩を用いて説明する」とあるア。イの「顔の表情や体の動き」は「言語」ではない。ウの「仲間同士で検討し合う」やエの「易しい言葉」は，「研ぎ澄まされた言語の感覚」にそぐわない。

問五　「世界中で彼らにしか創り出せない」から，ただ一つしかないという意味の四字熟語が入る。

やや難　問六　「数学の授業」「概念」という指定語が含まれる「先生たちは」で始まる段落に，「先生たちは幼児に数学の授業をしていたわけではありません……あらゆる場面で，先生たちがどれだけ数や量について語り，数学の基礎の概念について日常的に語っているか」を調べた結果，この「数学語り」が子どもの数学力に影響を及ぼしているということがわかったとある。この教育者の姿勢を一文で簡潔に説明する。

重要　問七　「理系，文系」で始まる段落の内容にエが合致する。冒頭の段落の言語によって知識を受け取り伝えることが人類と動物の知性の違いであるという内容に，アの「言語の習得」は十分ではない。「本書では」で始まる段落の「大人がすべきことは……教え込みではない」にイ，「子どもが自分で考え，自分で習得していくしかありません」にウは合致しない。

三 （小説―情景・心情，内容吟味，文脈把握，脱文・脱語補充）

問一　「俺」は父親に何を「言わなければならない」と思っていたのか。「俺」が焼うどんを食べている場面の「うちの『こども飯』のことなんだけど」「そろそろ，やめない？」という「俺」の言葉に着目する。この内容を□に合うように簡潔に答える。

基本　問二　父親が「俺」に対して「わざと陽気な声を出し」たのは，なぜか。後の「いきなりびしょ濡れで帰ってきて，あんなに深刻な顔してんだもんなぁ……さすがの俺でも，何かあったんだろうなって思うぞ」という父親の会話文に着目する。

問三　「俺」がうどんを食べている時に「気づいた」こととして「父は，わざと俺の後ろの席に座ってくれたのだ。少しでも俺がしゃべりやすくなるように。」とある。ここから適切な一文を探す。

問四　「正直」で始まる段落に，父親が学校から帰ってきたときの息子の顔を観察しているという描写がある。この内容を述べている一文を探す。

問五　焼うどんの味を述べている部分に注目する。父親が話しやすいように後ろの席に座ってくれたと気づいた場面で「うめえか？」と聞かれて「俺」は「うん」と答えているが，父親にこども飯をやめないかと言った場面では「焼うどんを頬張ったら，なんだか少しだけ味がぼやけた気がした」とあるように焼うどんの味が変化している。さらに，父親に自分の意見を流されたと感じた場面では「焼うどんを口に運んだ。少し冷めてしまった麺は，さっきより粘ついていて，風味も落ちた気がした」とあることから，焼うどんの味は，「俺」の気持ちを表現しているとわかる。

問六　直後の「俺の口が動いてくれた」という表現に合う言葉が入る。

問七　直前に「てなわけで」とあるので，この前に理由を述べている。□の後に「たくないから。」とあるので，父親がしたくないことを述べている「しかも」で始まる会話文に着目する。

問八　父親が「決めている」のは，どのようなことか。「よし。」で始まる会話文に「俺は自分の意思を尊重しながら生きる。やりたいようにやる」とある。ここから九字の言葉を抜き出す。

重要　問九　――部⑤「胃が重くなるような未来」という言葉から，「俺」が父親に「『こども飯』をやめた俺と，その後の食堂を」「ちょっと想像してみろよ」と言われた場面の，「想像をしかけて，すぐにやめた……すでに胃のあたりが重くなっていた」に着目する。「胃が重くなる」からは，寂しく物足りない様子が読み取れるので，この内容を述べているエを選ぶ。アの「悔しさを抱え」た生活や，ウの父親に「受け入れられなくて残念」な「未来」ではない。イが読み取れる描写はない。

やや難　問十　「むしろ」は，前よりも後を選ぶという意味なので，どのような時より，「俺」が「やめて欲しいと言っ」て「父が賛成してくれた」ときの方が「胸の奥のもやもや」が「膨張」したのかを考える。少し前に「やっぱり，俺の意見は流されるってことか。そう思ったら，言葉にならないもやもやが胸のなかで膨らみはじめた」とあり，この時と比べている。この「俺の意見は流される」という表現をもとに□に合うようにまとめる。

四 （古文―大意・要旨，文脈把握，指示語の問題，語句の意味，品詞・用法，仮名遣い，口語訳，文学史）

〈口語訳〉　これも今は昔，奈良に，蔵人得業恵印という僧がいた。鼻が大きくて，赤かったので，「大鼻の蔵人得業」と言ったのを，後には，（鼻が）格別に長いと，「鼻蔵人」と言うようになった。なおさらに後には「鼻蔵鼻蔵」とだけ言うようになった。

恵印が若かった時に，猿沢の池のほとりに，「その月のその日に，この池から龍が登ろうとする」

という立札を立てたのを，行き来する者で，若いのも年取ったのも，分別のある人々は，「(龍が登ろうとするのを)見たいものだなあ」と，ささやき合った。この鼻蔵人は，「おもしろいことだな。私がしたことを，人々が騒ぎ合っている。ばかばかしいことだなあ」と，内心おかしく思ったが，だまし通そうと，知らん顔をして過ごしているうちに，その月になった。大体大和や，河内，和泉，摂津国のものまで聞き伝えて，集まってきた。恵印は，「どうしてこんなに集まるのだろう。何か役に立つことがあるのだろうか。不思議なことだな」と思うが，目立たないように過ごしているうちに，もうその日になって，道も避けることができないほど，(人が)押し合いへし合いして集まる。

その時になって，この恵印が思うには，(これは)ただ事ではない。自分がしたことであるが，役に立つことがあるに違いないと思ったので，「このような事があるのかもしれない。行って見よう」と思って，頭を隠して行く。大体近くに寄れそうにもない。興福寺の南大門の壇の上に登って立って，今にも龍が登るか登るかと待っていたが，どうして登るだろうか。日も暮れてしまった。

問一　「こと」は，普通と違っている，格別だ，という意味を表す。

重要　問二 係り結びの法則が働いている。係助詞「ぞ」を受けて，連体形に変化している。

基本　問三　直前の段落で紹介されている「蔵人得業恵印」を抜き出す。

重要　問四　猿沢の池のほとりに「その月のその日，この池より龍登らんずるなり」と書いてある立札を見て，「ゆかしき事かな」と言っている。龍がどこから登るのかを補ってまとめる。

問五　「をこの事」は，ばかばかしい事という意味。直前の文の「我がしたる事」とは，猿沢の池のほとりにでたらめを書いた看板を立て，それを見た人々が大騒ぎしていることをいっているので，イが最もふさわしい。アの人々が集まってきていることや，ウの奇妙なあだ名に対して言っているわけではない。立札を立てたのは自分で，エ「分別のある立派な人」ではない。

問六　⑥　歴史的仮名遣いの「を」は，現代仮名遣いでは「お」と読む。　⑧　歴史的仮名遣いの「やう」は，現代仮名遣いでは「よう」と読む。

やや難　問七　——部⑦の「空」は，嘘の，という意味で，同じ意味で使われているものはウの「空泣き」。それぞれの「空」は，ア何も考えない，イ見せかけの，エは何となくという意味で使われている。

重要　問八　直前の文の「我がしたることなれども，やうのあるにこそと思ひければ」の具体的な内容を述べているものを選ぶ。

基本　問九　アは『舞姫』『雁』，イは『夜明け前』，ウは『坊ちゃん』『三四郎』などの作品で知られる。

★ワンポイントアドバイス★

傍線部分や，傍線部分と同様の内容を述べている部分の前後をよく読むという基本を大事にしよう。

2023年度

★★★★★★★★★★★★★★★★★★★★★★★

入　試　問　題

2023年度

大妻嵐山高等学校入試問題

【数　学】（50分）　＜満点：100点＞

【注意】 鉛筆，消しゴム以外のものを使用できません。

1　次の計算をしなさい。

(1)　$(3.26-2.1\times1.5)\times11$

(2)　$0.64\times2.5^2-0.06\times\dfrac{125}{3}$

(3)　$(2\sqrt{3}+3\sqrt{2})(\sqrt{2}-3\sqrt{3})$

(4)　$8x^3\times(-5xy^2)^2\div(-6xy)$

(5)　$\dfrac{x+4y-3z}{3}-\dfrac{2x-y+4z}{2}+\dfrac{x-3y+5z}{6}$

2　次の各問に答えなさい。

(1)　$16x^2-(a-b)^2$を因数分解しなさい。

(2)　連立方程式$\begin{cases}\dfrac{1}{2}x+\dfrac{3}{5}y=-1\\ \dfrac{1}{4}x-\dfrac{1}{2}y=\dfrac{7}{2}\end{cases}$を解きなさい。

(3)　2次方程式　$2x(2x-1)=(x+3)^2$　を解きなさい。

(4)　2つの2次方程式　$x^2+ax+b=0$　…①，$x^2+bx+6a=0$　…②はどちらも解の1つが2であるとき，①，②のもう1つの解をそれぞれ求めなさい。

(5)　$\sqrt{14-n}$が整数になるようなnのうち最小の自然数を求めなさい。

(6)　次の各問に答えなさい。

①　右の図において，$\angle x$の大きさを求めなさい。

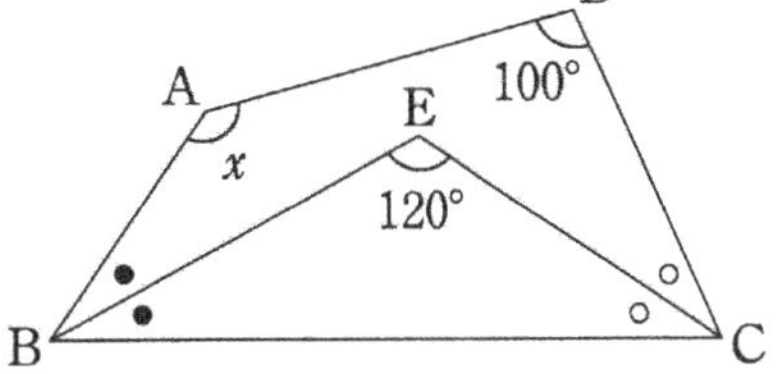

※点Eは，∠ABCと∠BCDの二等分線の交点

②　右の図において，体積を求めなさい。ただし，円周率はπとします。

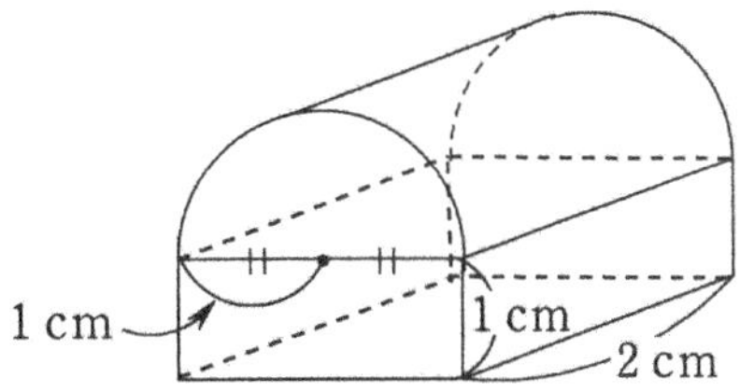

⑺　大小２つのサイコロを同時に投げるとき，大きいサイコロの出た目を a，小さいサイコロの出た目を b とします。次の各問に答えなさい。

①　$a+b=8$ となる確率を求めなさい。

②　$a \times b$ の値が８の倍数となる確率を求めなさい。

③　$3a-4b>0$　となる確率を求めなさい。

３　右の図のように，放物線 $y=ax^2$ のグラフ上に３点 A(8, 8)，B(4, 2)，C(−4, 2) があります。また，点Dは y 軸上にあり，y 座標は正とします。このとき，次の各問に答えなさい。

ただし，点Oは原点とします。

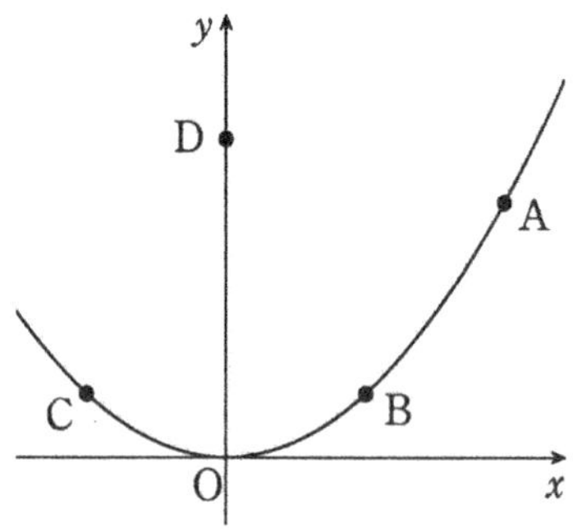

⑴　a の値を求めなさい。

⑵　△ABCの面積を求めなさい。

⑶　点Ｃを通り，直線ABに平行な直線の方程式を求めなさい。

⑷　△ABCの面積と△ABDの面積が等しくなるときの点Dの座標を求めなさい。

⑸　AB＋BDの長さがもっとも短くなるときの点Dの座標を求めなさい。

４　右の図のように，三角形ABCの各頂点を通る円があり，AB＝３㎝，AC＝４㎝，∠BAC＝90°とします。さらに∠BACの二等分線と，円の交点をDとします。また，線分ADと線分BCの交点をＥとしたとき，次の各問に答えなさい。

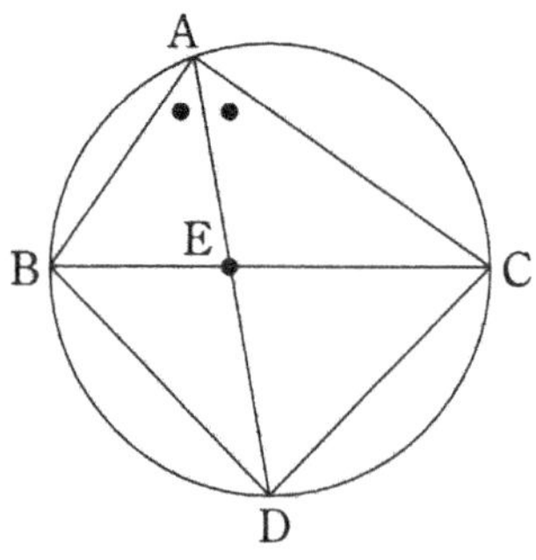

⑴　辺BCの長さを求めなさい。

⑵　∠CBDの大きさを求めなさい。

⑶　△BDCの面積を求めなさい。

⑷　△EDCの面積を求めなさい。

⑸　線分AEと線分EDの長さの比を，もっとも簡単な整数の比で表しなさい。

【英　語】（50分）　＜満点：100点＞　　**※リスニングテストの音声は弊社HPにアクセスの上，音声データをダウンロードしてご利用ください。**

Ⅰ　聞き取りテスト

問1　4つの漢字の説明が英語で流されます。該当する漢字を，下の□の中から選び記号で答えなさい。

ア．王　　イ．二　　ウ．日　　エ．田

問2　放送される質問に対する答えを，4語以上の英文で書きなさい。答えは2文になってもかまいません。

Ⅱ　次の1．～6．の（　）に入る最も適切な語(句)を下のア～エの中からそれぞれ1つずつ選び，記号で答えなさい。

1．(　　　) your sisters like sports?
　ア Does　イ Do　ウ Am　エ is

2．Who (　　　) here yesterday?
　ア come　イ comes　ウ came　エ will come

3．When I visited Kate this morning, she (　　　) still sleeping.
　ア is　イ was　ウ did　エ would

4．(　　　) you have some more milk?
　ア May　イ Did　ウ Shall　エ Will

5．He (　　　) to get up early yesterday morning.
　ア have　イ has　ウ had　エ must

6．These questions are so easy (　　　) I can answer them.
　ア which　イ that　ウ but　エ or

Ⅲ　次の1．～6．のa．とb．の文がほぼ同じ意味をあらわすように，それぞれの（　）に入る最も適切な英語1語を答えなさい。

1．a．I don't know what I should do.
　b．I don't know what (　　　) do.

2．a．He began to teach at our school in 2000. He is still teaching at our school.
　b．He has been our teacher (　　　) 2000.

3．a．He said to me, "Please visit my house."
　b．He asked me (　　　) visit (　　　) house.

4．a．Look at those houses. They have beautiful gardens.
　b．Look at those houses (　　　) beautiful gardens.

5．a．Where does he live?　Do you know?
　b．Do you know where (　　　)(　　　)?

6. a. How many schools does your city have?
   b. How many schools are (　　　) in your city?

Ⅳ 次の1.～5.の文の（ ）に適切な語を1語ずつ書きなさい。ただし，示されている文字で始めること。

1. (D　　　) is to make a picture of something with a pencil or a pen.
2. (R　　　) is to say or do something again.
3. (S　　　) is something that is only told to a few people.
4. (T　　　) is wanting or needing to drink.
5. (M　　　) is the science of numbers and shapes.

Ⅴ 次の英文を読んで，あとの問に答えなさい。

Yui is a Japanese student who is studying at a high school in America. She has been in the school for three months and she is enjoying her school life.

Yesterday, Yui gave a speech titled "John Manjiro – A Bridge between Japan and America." She went in front of the class and began to speak:

One day in the summer of 1841, an American ship was catching whales near Torishima. The men (the ship / on / five people / saw / crying) out for help on the island. Some of the men went there and took them all to the ship. The people needing help were Japanese people from a boat that was broken by a strong wind. A young boy of fifteen years was among them. His name was Manjiro.

In the fall, the season for catching whales was over. The ship was going back to America. Manjiro was taken to America. He went to school and learned English, science, and many other things. He studied so hard that he became one of the best students in the school.

When he was in America, Manjiro always hoped to go back to Japan. At last a chance came. He went to Hawaii first and from there he took an American ship for China. When the ship came near the Ryukyu Islands, he got into a small boat brought on the ship from Hawaii. Many hours later his boat arrived at one of the islands. He was found and taken to Nagasaki. After staying there, he finally went home in October, 1852.

At that time, Japan was still closed to most foreign countries. America wanted to make friends with Japan and asked Japan to open its doors.

Very few Japanese people understood English. It was important for Japan to have a good speaker of English. When Japan talked with America, Manjiro helped his country by using English. He also taught English to young Japanese people. He acted as a bridge between the two countries.

When Yui's speech was over, the whole class clapped their hands. Then her friends came to Yui and said, "What a nice speech! We hope you will be a bridge between Japan and America like Manjiro." Yui was very happy to hear that.

1．本文中の（　）内の語(句)を意味が通るように並び替えて書きなさい。

2．次の問に英文で答えなさい。

① When did Yui begin to study in the school in America?

② When did Manjiro come back to Japan?

3．Manjiro は，帰国後，具体的にどのような事をして，日本とアメリカを結ぶ橋になりましたか。日本語で２つ書きなさい。

4．本文の内容と合うように，次の英文中の（ア）～（カ）にあてはまる適語を書きなさい。

A strong wind（　ア　）a boat carrying five Japanese people near Torishima. They were saved by an American ship catching whales. There was a boy named Manjiro（　イ　）the five people. He was taken to America and learned many things at（　ウ　）. Manjiro always hoped to go back to Japan when he was in America. When Manjiro went home about ten（　エ　）later, Japan was not opened yet. Japan was asked to open its doors and make friends with（　オ　）.

But Japan did not have（　カ　）people who understood English. Japan needed a good speaker of English. Manjiro used English and did much for both Japan and America.

Ⅵ　次の英文が正しくなるように，①～⑦の（　）内の語を適当な形に変えなさい。

I have ①(know) Jane for six months. We are in the same class. She is the ②(tall) girl of all. She ③(belong) to the volleyball team at school. Her father is a journalist who is now ④(work) in Japan. Last Saturday I was ⑤(invite) to her house. She showed me some pictures ⑥(send) by her aunt in Australia, and I ⑦(find) a koala in one of them. Later I had dinner with Jane and her parents. All of us enjoyed it very much.

Ⅶ　次の英文を読んで，あとの問に答えなさい。

People travel in many different ways. Some of them travel by plane, some like to go by car, and some like to take a bus. Others may enjoy travelling by sea if they have much time.

I once traveled across America by bus. There are long-distance buses（　1　）are made for long trips and go to many cities and towns. These buses have become one of the most important ways of traveling in America. They are large and have large windows, so people can see many interesting places on the way. People can also wash their hands and faces in the bus. I traveled on a long-distance bus for the first time and enjoyed the trip very much.

There are many people (2) like traveling in America. Before they travel, they often think about (3) they want to go and (4) they want to see. If they are interested in the past, they can visit places with old buildings and important history. People (5) want to enjoy just traveling around can visit many interesting places of the country. People can travel almost all over America on these long-distance buses.

1．(1)～(5)にあてはまる適当な語を下の□の中から選んで，記号で答えなさい。同じものを2度以上使ってもよい。

a．who	b．which	c．what	d．where

2．次のア～オから，本文の内容と一致するものを2つ選んで，記号で答えなさい。

ア．People can travel by plane if they have much time.

イ．Long-distance buses go to many different places in America.

ウ．There are long-distance buses which have beds to sleep on.

エ．People can enjoy visiting many places on long-distance buses.

オ．All of the people who travel visit important places with old buildings.

3．上の文の題として最も適当なものを1つ選んで，記号で答えなさい。

1．Driving a Long-distance Bus　　2．Traveling in America by Bus

3．Foreign People in America　　4．Old Buildings with Important History

臨場感を持たせ、自分も吹奏楽部の一員のように感じさせる効果がある。

四　次の古文をよく読み、後の問いに答えなさい。

ある時、鼠《ねずみ》、老若男女相《あひ》集まり、詮議《せんぎ》しけるは、「いつも猫といふ徒《いたづ》ら者に亡《ほろ》ぼさるる時、千度《ちたび》悔やめども、その益《えき》なし。かの猫、声を立つるか、然《しか》らずは、足音高くなどせば、①かねて用心すべけれども。ひそかに近付く程に、油断して、②取らるるのみなり。いかがせん」といひければ、③古老の鼠、進み出で申しけるは、「詮《せん》ずる処《ところ》、猫の首に□を付けて置き侍《はべ》らば、易《やす》く知りなん」といふ。皆々、④「尤《もつと》も」と同心す。「然らば、この内より、誰出でてか、猫の首に□を付け給はんや」といふに、上臈《じやうらう》鼠より下《しも》鼠に至るまで、「⑤我、付けん」といふものなし。これによって、⑥その度《たび》の議定、事終らで、退散しぬ。

（『万治絵入本　伊曾保物語』より）

注　上臈…身分が高い

問一　――部①「かねて」、⑤「我、付けん」の現代語訳として最もふさわしいものを次から選び、記号で答えなさい。

①「かねて」

ア　絶対に　　イ　はっきりと

ウ　あらかじめ　　エ　両方とも

⑤「我、付けん」

ア　私が、付けよう　　イ　私は、付けたくない

ウ　私は、付けるだろう　　エ　私に、付けてほしい

問二　――部②「取ら」の主語を問題文の中から抜き出して答えなさい。

問三　――部③「古老」の読み方を、現代仮名づかいのひらがなで書きなさい。

問四　問題文中の2か所の空欄には同じ言葉が入る。当てはまる言葉として最もふさわしいものを、次から選び記号で答えなさい。

ア　印　　イ　鈴　　ウ　縄　　エ　花

問五　――部④「尤も」とあるが、このときの「皆々」の気持ちとして、最もふさわしいものを次から選び、記号で答えなさい。

ア　感激　　イ　困惑　　ウ　同感　　エ　落胆

問六　――部⑥「その度の議定、事終らで、退散しぬ」とあるが、なぜそうなったのか。最もふさわしいものを次から選び記号で答えなさい。

ア　古老鼠の考えはとても理想的だが、実行するには被害が多くなっていたから。

イ　古老鼠の考え方はよかったが、実行者として名乗り出る者がいなかったから。

ウ　古老鼠の考えはよいものではないが、年上の言うことには従うしかないから。

エ　古老鼠の考えは簡単にできるものだが、実行するだけの経験がなかったから。

問七　問題文中で、鼠たちはどのようなことについて相談しているか。「方法」という言葉を用いて、十字以上十五字以内で説明しなさい。ただし、解答欄の形に合うようにすること。

※　問題作成の都合上、文章の一部を省略・変更《へんこう》しました。

としては指導力に欠ける人物。

問三　――部③「問わず語り」と近い意味の語を次の中から一つ選び、記号で答えなさい。

ア　失言　イ　妄言　ウ　繰り言　エ　独り言

問四　――部④「仲がいいつもりだったけど、知らないことばかりだったんだなと実感する」とありますが、この時の「わたし」の心情として最もふさわしいものを次の中から一つ選び、記号で答えなさい。

ア　仲がいい「わたし」にさえ、自分の本当の気持ちを言えず、ずっと苦しさを我慢していた真帆への同情。

イ　仲のいい「わたし」に、真帆は自分のことを何も語ってくれてはいなかったのだという事実への失望。

ウ　仲がいいと思っていた真帆のことを、実は何も知らず、内心も理解していなかった自分への内省。

エ　仲がいいと思っていた真帆が、その気持ちを伝えてくれず、ずっと偽りの自分を演じてきたことへの怒り。

問五　――部⑤「真帆は力なくほほえんだ」とありますが、真帆はどのような思いからほほえんだのですか。次の中から最もふさわしいものを一つ選び、記号で答えなさい。

ア　気持ちをぶつけてしまった友人への気遣いから。

イ　不甲斐ない自分に対する自嘲《じちょう》の気持ちから。

ウ　自分の居場所がどこにもないという諦《あきら》めから。

エ　隠してきた自分をさらけ出した安堵《あんど》感から。

問六　本文中の空欄 ⑥ に入れるのにふさわしい語を考えて答えなさい。

問七　――部⑦「いまの子はいつでも態度が消費者」とありますが、ここでの「消費者」とはどのようなことを意味した例えですか。次の中から最もふさわしいものを一つ選び、記号で答えなさい。

ア　公立高校の先生は、税金を支払っているすべての人に対して、サービスを提供するべきだと信じているという意味。

イ　学校や教員が、生徒の気持ちをないがしろにするようなことがあってはならないと信じているという意味。

ウ　店で金銭を支払って物やサービスを享受できるのと同様に、学校で先生は生徒の要求を叶えてくれると信じているという意味。

エ　学校は、居ながらにして欲しいものは何でも手に入るような条件を満たしてくれる場所だと信じているという意味。

問八　本文について、あてはまるものには○を、あてはまらないものには×をそれぞれ書きなさい。

ア　普段は先生に対して意見を言うことのない沙耶であるが、真帆の気持ちに触れ、真帆のために奮起して意見を言おうと決意した。

イ　ミタセンは、自分に自信を持つことができない真帆に、エーストランペッターが吹くファーストを任せることで自信を持たせようとしている。

ウ　高校生の沙耶の目線で語られることで、揺れ動きながらも自分が正しいと思う道を選ぼうというリアリティのある感情が表現されている。

エ　含みを持たせるような言い回しと伏線の多さが、読み手を引き込み、最後まで飽きさせない効果をもたらす表現がされている。

オ　理知的で繊細な表現の繰り返しが、読み手に同じ景色を見ている真帆はわたしにとって一番大切な友だちだ。自分のためだったら文句なんか言えないけど、真帆のためだったらぶつかっていける。

わたしはミタセンのところへ直談判《じかだんぱん》しに行った。

「先生、真帆を［　⑥　］ください」

「ダメダメ、もう決めたんだから。まだまだ足りないとこばっかりだけど、将来性を考えると清水さんが一番向いてると思うよ」

「でも本人がムリだって言っているんだから。なにより彼女の気持ちが大事でしょ」

「はあ、なに言ってんの？　吹部に入ってきて、ファーストやりたくないとかわけわかんない」

「いろんな考え方を持った子どもがいるんだから、その生徒の感情を思いやって育てるのが教師の仕事でしょ」

「教師の仕事って言うけど、ボクはね、教育とかそういうの全然興味ないの」

「だって、先生は先生じゃん」

「音楽やりたいからたまたま先生やってるだけ、音楽だけで生きてけるんだったら教師なんかいつでもやめちゃう。教職はイヤイヤやってんのよ」

「でも仕事は仕事でしょ。だったら生徒の気持ちを考えて指導しないと」

「先生、先生ってなんでも教師に頼るんじゃないよ、まったく。⑦いまの子はいつでも態度が消費者だからまいっちゃうんだよね」

（赤澤竜也『吹部！』より）

注

マーチ……音楽のジャンル。行進曲。

ラッパ……ここではトランペットのこと。

問一　――部①「キリキリと胸が痛んだ」とありますが、なぜですか。次の中から最もふさわしいものを一つ選び、記号で答えなさい。

ア　部員の力量をきちんと把握していない新しい顧問が、どうして真帆に特別厳しい指導を続けるのかわからず不安だったから。

イ　顧問の厳しい指導の意図が分からずに、次は部長の自分にも火の粉が降りかかるのではないかと気が気ではなかったから。

ウ　自分が望まない状況を押し付けられた真帆が、合奏前にすべてを投げ出して逃げてしまったのではないかと恐れたから。

エ　連日みんなの前で集中的に厳しい指導を受けて、すっかり元気をなくしてしまっている真帆のことが心配だったから。

問二　――部②「ミタセンは真帆が来ていないことなど気にもかけていないようだった」とありますが、この表現から、「わたし」は「ミタセン」をどのような人物だと見ていますか。最もふさわしいものを次の中から一つ選び、記号で答えなさい。

ア　吹奏楽の指導に自信を持ち、自分のやり方で指導に当たっているが、生徒への気遣いなどは全く感じられない人物。

イ　生徒よりも一人ひとりのつくる「音」に心を砕いて、吹奏楽への信念をもって熱く指導に向き合っている人物。

ウ　生徒と共により良い演奏を作り上げることを追求するあまり、周囲が見えなくなることがある人物。

エ　音楽に対する自分の理想の実現が最優先で、高校の吹奏楽部顧問

心配になって部活が終わってから家を訪ねてみる。

真帆の家はJR八王子駅近くの商店街のなかにあった。

一階は文房具屋さんの店舗《てんぽ》で二階が住居になっている。下のお店は清水文具店という名前なのでご両親が経営しているのだろう。

わたしは新興住宅街で生まれ育っているから、こんなおうちは初めてだ。同じ八王子とはいっても地域によっていろんな表情があるんだなと思った。近所には女性ミュージシャンの大御所フーミンの実家である呉服屋さんもあるらしい。

真帆が入れてくれたティーバッグの紅茶をふたりで静かに飲む。

思ったよりも元気そうでホッとした。

「わたしさ、誰にも言ってなかったけど、もともとすごいあがり症なの。小さいころから本番はことごとくダメでさ。ますます人前にでるのがおっくうになってきた」

真帆は③問わず語りに話し始めた。

「小学校のとき、運動会の実行委員になって朝礼台で話をしなくちゃならないことがあったんだけど、壇上にのぼると息もできなくてね。ひとこともしゃべれずに降りたんだ。練習でできることでも本番は絶対に失敗する。だからなるべく目立つところへは顔ださないようにしようって決めたんだ」

いったん紅茶に口をつける。

「高校もホントは本命の私学へ行きたかったんだけど、入試のときに固まっちゃってさ。頭が真っ白になってなにも書けなかった。だから公立は、担任が『お前だったらここは安全圏』って言ってくれた学校を受けたってわけ」

「真帆は頭がいいからどうしてウチの学校に来たんだろうと不思議に思っていたのよ。そんなことがあったんだ」

④仲がいいつもりだったけど、知らないことばかりだったんだなと実感する。

「大学入試だって失敗するのはわかってる。だから勉強しても意味ないんだけどね。ムリせず推薦で行けるところを探そうと思ってるんだ」

⑤真帆は力なくほほえんだ。

「わたし戦いのない世界へ行きたいの。静かに生きていけたらそれでいい。トランペット選んだのも失敗だったと思う。だってペットって『わたしがやってやる』っていう気持ちがあるひとじゃないと務まらないじゃん。家にトランペットがあったからはじめただけなんだけど、性格的に向いてないとつくづく感じるんだ。沙耶ちゃんがチューバへ転向するって聞いたとき、わたしも変わりたいと思った。だって低音部だとあんまり失敗が目立たないじゃない。まあ聴くひとが聴けばわかるんだけどさ」

「吹部、どうするの?」

「学校の文化祭とかで演奏するだけの部活だと思って入ったから、コンクールへでるなんて気が重かった。で、やってみて、やっぱりわたしにはムリだと思う」

「そんな、さびしいこと言わないでよ。じゃあ、ファーストじゃなければ吹部に戻ってくれる?」

「ミタセンには何を言ってもムリじゃないかな。もう疲れちゃった。今度生まれてくるんだったら植物がいいな。本番とかなさそうだし。ひとに期待されるのってしんどい。もう静かに生きていきたい」

「ダメダメ、とりあえずやってみて」

ふたりは入れ替わって合奏は再開した。

ところがまったく練習していないフレーズを吹くこともあって、真帆はなかなかうまくいかない。

そのたびに演奏をとめられ、

「清水さん、そこリズムおかしいよ」

「ラッパのファースト、やり直し」と注意を浴びせられる。

なんとかついていこうとしているのだが、萎縮《いしゅく》してしまっているのか息が安定して入ってこない。

次の日も真帆は元気がなかった。

それでも個別練習のときに教室をのぞいてみると、必死になって新しいパートを練習している。

この日の合奏においても真帆は集中砲火を浴びた。

「楽譜がからだに入っていないよ。そこの音、短く切って。はい、やり直し」

「違う違う、もっと立てて」

「あー、なんだその音、大きい音ときたない音とは違うんだよ。自分の音をもっと聴いてみて」

しばしば合奏はとめられ、真帆だけがみなの前でひとり吹かされる。

真帆の顔面は蒼白《そうはく》だった。

翌日は心配になったので、昼休みになるとほかの二人と真帆の教室に行ってみた。

予想どおり机の上につっぷしている。

「まーほ」

「元気だしてよ」

「ミタセンの言うことなんか気にしたらアカンでぇ」

大磯渚《おおいそなぎさ》や副島奏《そえじまかなで》と励まし続けるも、

「ありがとう、がんばるよ」と力なくつぶやくだけ。

ふだんからそれほど口数の多い娘《こ》ではなかったが、やっぱりふさぎ込んでいる。

放課後になり、合奏の時間が近づいてくると①キリキリと胸が痛んだ。今日は無事に終わりますようにと祈る。

でもきのうと変わらず、名前を呼ばれるのは真帆ばかり。

合奏はまったく前に進まない。

ミタセンの言うことはもっともなことばかりだった。でも言葉尻《ことばじり》がきついので、真帆は緊張のあまり対応できなくなっている。

もう少し言い方ってものがあるんじゃないの。

抗議をしようと思った矢先のことだった。

「やっぱりわたし、できません」

そう言うや、真帆は音楽室を飛び出していった。

「真帆」

あわてて追いかけようとすると、

「ほっといたらいいから」とミタセンから制される。

その日、真帆にメールを送ったけど返事はなかった。

翌日の学校にも姿をあらわさない。

②ミタセンは真帆が来ていないことなど気にもかけていないようだった。

なるように仕向ける冷酷な仕打ちをするということ。

ウ　表面的には感じよく交流を持ち続けながら、実際は交渉を打ち切り、相手が気づかないところで社会的に抹殺するということ。

エ　相手に弁解の余地を与えない冷たさを見せ、その後、自分たちドイツ人の有利に進むようにビジネス交渉を続けるということ。

問五　――部⑤「このような同調圧力」とありますが、どういうことですか。最もふさわしいものを次の中から一つ選び、記号で答えなさい。

ア　自分たちの意に沿わせることが最優先で、相手の意思や事情を考慮しようとはしないということ。

イ　集団においてよい人間関係を築くために、全員が同じ価値観や方向性をもって行動しようとすること。

ウ　個人の意思や事情よりも、集団としての利益や決定が大切であるという考えを、皆が共有していること。

エ　相手の意思も自分たちの決定も、同様に尊重し、大切にしようとする、極めて民主的な考え方のこと。

問六　――部⑥「ドイツのほうが和平条約が成立する余地があります」とありますが、なぜですか。パーティーに参加したくない人に対しての対応を例に、次の文の空欄に合う語を考え、十字以内で答えなさい。

パーティーに参加したくないという人に対し、ドイツでは［　　　　］とはしないから。

問七　――部⑦「アメリカでは社会的シチュエーションから抜け出すのが簡単」とありますが、アメリカでは、どうすれば抜け出すことができますか。具体的に答えなさい。

問八　――部⑧「三つの選択肢」とありますが、具体的にどのような選択肢ですか。三つ全て答えなさい。

三　次の文章を読んで、後の問いに答えなさい。

沙耶《さや》（わたし）は八王子にある東京都立高校の二年生で、吹奏楽部（吹部）の部長。新しく吹奏楽部の顧問になった破天荒な音楽教師、三田村先生（ミタセン）の、真意の読めない指導に振り回されている。

ある日の合奏でマーチをやっているときのこと。ミタセンはいきなりこう命じた。

「ラッパの八幡《やはた》くんと清水さん、ファーストとセカンドを交代してみてちょーだい」

八幡太一は憤然《ふんぜん》として納得いかない様子で、清水真帆は驚きを隠せない。

トランペットは吹奏楽の世界において花形だ。金管楽器ではもっとも高い音がでるため主旋律を演奏することが多い。とにかく目立つのである。

そのパートのなかでも高い音を吹く順にファースト、セカンド、サードとさらに担当が分かれている。

ファーストは一般的にその吹部のエーストランペッターが吹く。メロディーを演奏するという栄誉を担うだけに、失敗するとその責任もすべて負わなくてはならない。

真帆はほとんど聞きとれないような小声で抵抗した。

「……わたし、ムリです。このままじゃダメですか？」

直に受け入れる和平条約があってもいいのではないかと思います。これは日本ではとても難しいのでしょうね。ドイツのほうがもう少し楽ですが、それでも同調圧力に関して日本とドイツは似ています。ただ⑥ドイツのほうが和平条約が成立する余地があります。とはいえ、いろんな言い訳をしなければなりません。社会的シチュエーションから抜け出すのは大変です。

一方、⑦アメリカでは社会的シチュエーションから抜け出すのが簡単すぎます。だから⑧三つの選択肢の間に程よいレベルを定める必要があると思います。ドイツと日本とアメリカはどれも極端ですからね。三つを合体させればいいのかもしれません。もっと平和にやることを想像してください。日本はあまり平和ではありません。アメリカやドイツなど他国のやり方を知るのは大事だと思います。相手を許すべきかもしれない、あるいは別のやり方があるかもしれない、などと考える契機になりますから。

（マルクス・ガブリエル『わかりあえない他者と生きる～差異と分断を乗り越える哲学』より）

注

ヘーゲル……18世紀から19世紀にかけて活躍したドイツの哲学者・思想家。後世の哲学に大きな影響を与えた。

大統領閣下……ここでは、インタビュアーを敬意をもってこのように呼び「お分かりですか？」というニュアンスを伝えている。

問一　空欄［①］に入る熟語としてふさわしいものを次の中から一つ選び、記号で答えなさい。

ア　幻想　　イ　疑念　　ウ　確信　　エ　現実

問二　――部②「メンタル空手」とありますが、この造語の説明として最もふさわしいものを次の中から一つ選び、記号で答えなさい。

ア　その技が、目に見えるかたちでは存在しないという意味で【メンタル】、相手の命は保証しつつ傷を負わせることができる日本独自のやり方という意味で【空手】という言葉が使われている。

イ　相手を、自分たちの常識に従わせ、精神的に攻撃するという意味で【メンタル】、相手に致命的な打撃を与えることができる日本独自のやり方という意味で【空手】という言葉が使われている。

ウ　相手の精神に緻密に働きかけるという意味で【メンタル】、今や、世界でも有名になったやり方という意味で【空手】という言葉が使われている。

エ　相手と精神的な世界で話すという意味で【メンタル】、道具を使わずに相手に傷を負わせる日本独自のやり方という意味で【空手】という言葉が使われている。

問三　――部③「これが技の一つになるべき」とありますが、なぜですか。次の文の空欄に入る語を本文中から六文字で抜き出して答えなさい。

そうしないと［　　　　　　］ことになるから。

問四　――部④「冷たい殺し屋」とありますが、どういうことですか。説明として最もふさわしいものを次の中から一つ選び、記号で答えなさい。

ア　徹底的にドイツ流のビジネスの作法に付き合わせ、自分たちの利益を優先し、相手の損失や社会的な地位を全く考慮しないということ。

イ　相手を徹底的に無視し続け、相手があらゆるビジネスができなくしかしそのことが、鬱《うつ》や不安や怒りなどを引き起こす場合があります。暴力的な面も大きくあります。それで「②メンタル空手」という造語を考案しました。究極のフレンドリーさ、もてなし、他者の欲求を先回りすることと地続きに、その上でもし相手が期待に沿う行動を取らなかったら「心の刀」が抜かれるのです。シャキーンとね。あなたのほうがよほどよくご存じでしょう。日本語話者として、メンタル空手に使うさまざまなツールを熟知しているのですから。これは言語において非常に精緻《せいち》な役割を果たしていると思います。

でも想像してみてください。私が気づいたのは、メンタル空手をしている状況になると人々は死ぬまで戦ってしまうということです。ヘーゲルが『精神現象学』でこれについて述べています。ヘーゲルはこれを「承認を求める戦い」と呼んでいます。そして人は死ぬまで戦うのだとも。

このような「心の不安」を乗り越えるために必要なこと――それは、一種の和平条約です。受け入れて、武器を収める地帯がなければなりません。メンタル空手で今あなたを殺すこともできるが、そうはしないと。③これが技の一つになるべきですね。例えばドイツも、アメリカに比べると日本以上に空手的です。アメリカではフレンドリーさともてなしは別物です。誰もが知っている表面上のフレンドリーさはあっても、アメリカ人には簡単にノーが言えるところがあるのです。

ちょうど最近、ニューヨークから有名な先生が客員教授として訪れていました。とても興味深い人物がドイツに来ていたわけです。そこで彼をパーティーに招待しました。ドイツ人の常識ではパーティーに出席しないなどあり得ない。ドイツ人の常識ではですよ。ところが彼はアメリカ人の常識で、今夜は行けませんとあっさり断りました。ドイツでは大変失礼なことです。でも私はアメリカ人を知っています。

私としてはメンタル空手のドイツ人バージョン、そうですね、ピストルを抜くこともできたわけです。ドイツ人はピストルを撃つ。普段であれば相手のふるまいに対して社会的に相手を撃っていたでしょう。一種の社会的な処刑です。でも私は引き下がってノーを受け入れました。彼はパーティーに来たくないのだな、それでかまわないと。

日本ではもっとやっかいだったでしょう。ドイツ人は社会的空間では④冷たい殺し屋なのです。撃たれた相手は気づかない。ヨーロッパ人もアメリカ人との交渉では物言わず感じよくふるまいます――そうなんですよ、大統領閣下。でも裏で、彼らには何も売らないようにしようとなるわけです。それがドイツ人のやり方です。我々は何も言わずに相手を殺すのです。それが今のやり方です。

このような場合、日本ではみんなが戦いを仕掛けてくるのです。私がパーティーに行きたくないと言ったとします。「そうですか、わかりました」。その後で、日本人の友人から今夜パーティーがあると電話がかかってきます。「あれ？　もうお伝えしたけれど、私は出席しません」「そうでしたね、忘れていました」。今度は別の人からパーティーの件で電話がかかってくる。「もう○○さんにお伝えしたけれど、私は欠席します」「そうでしたか、失礼しました」。そうしたら今度はドアをノックしてくるのです。「パーティーにいらっしゃいますか？」と。日本ではこうなる。結局パーティーに行くことになります。最終的にこちらが降参する。死ぬまで戦うと先ほど言ったのはこういう意味です。

⑤このような同調圧力に代わって、相手が行きたがっていないことを素

【国　語】（五〇分）〈満点：一〇〇点〉

一　次の問いに答えなさい。

問一　次の――部の読みをひらがなで書きなさい。

①神社の境内を歩く。
②示唆に富んだ発言。
③権利を放棄する。
④数か国語を操る。
⑤人員不足で仕事が滞る。

問二　次の――部のカタカナを漢字に直しなさい。

①森林をバッサイする。
②両チームの力はハクチュウしている。
③結果よりカテイを大切にする。
④電車がフッキュウするまで二時間かかった。
⑤東京都に店舗をカマえる。

問三　次の――部の意味を、後の選択肢の中から選び記号で答えなさい。同じ記号を何度でも使ってよい。

①春の気配が感じられる。
②待合室で名前を呼ばれる。
③このままでは食べられない。
④みなさんはどう思われますか。
⑤生まれ故郷のことが思い出される。

ア　受け身　　イ　可能　　ウ　自発　　エ　尊敬

二　次の文章は、ドイツ人の哲学者、マルクス・ガブリエル氏にインタビューした内容をまとめた『わかりあえない他者と生きる』の中から、日本的同調圧力について述べている部分です（本文中の「私」はマルクス・ガブリエル氏。「あなた」はインタビュアー）。読んで問いに答えなさい。

日本のメディア、大学、友人たち、編集者の方々――非常に多くの皆さんと絶えず交流が持てていることは私にとって嬉しく、光栄に思いますし、幸せを感じています――すばらしいことです。心から楽しんでいます。私は日本が大好きです。誰もがそうでしょう。多方面で魅力を備えた国なのですから。日本は世界で指折りのすばらしい国です。これは周知の事実ですね。

特筆すべきは、そんな交流の中で、日本とやりとりを重ねるにつれ確信するようになった仮説です。交流の中で必ず経験することがあります――特にビジネス交渉において。私はあちこちでちょっとした交渉をしているのですよ。日本との交流には経済的な側面もありますからね。その交渉の進め方に非常に感心するのです。日本人はとても交渉上手なんです。日本人はある段階で自分の利害を明確に伝えてくるのです。

ご存じの通り、西洋には物言わぬ日本という［①］が時としてあります。日本は社会的に非常に声が大きいですよ。物言わぬ日本などというものはありません。自分の利害をしっかり主張します。非常に強いビジネスカルチャーです。さまざまなことがこのメンタリティに通じています。日本と交渉するときは自分も利害を明確に伝えなければなりません。日本人は多くの人が思っているよりずっと物事を明確にするし、はっきりものを言います。

MEMO

大切なことはメモしておこうネ！

T.G

2023年度

解　答　と　解　説

《2023年度の配点は解答欄に掲載してあります。》

＜数学解答＞

1　(1)　1.21　　(2)　1.5 $\left[\frac{3}{2}\right]$　　(3)　$-12-7\sqrt{6}$　　(4)　$-\frac{100}{3}x^4y^3$

(5)　$\frac{-3x+8y-13z}{6}$

2　(1)　$(4x+a-b)(4x-a+b)$　　(2)　$x=4$, $y=-5$　　(3)　$x=\frac{4\pm\sqrt{43}}{3}$

(4)　①　$x=-4$,　②　$x=6$　　(5)　$n=5$　　(6)　①　$\angle x=140^\circ$　　②　$\pi+4$(cm^3)

(7)　①　$\frac{5}{36}$　　②　$\frac{5}{36}$　　③　$\frac{1}{3}$

3　(1)　$a=\frac{1}{8}$　　(2)　24　　(3)　$y=\frac{3}{2}x+8$　　(4)　D(0, 8)　　(5)　D(0, 2)

4　(1)　5cm　　(2)　45°　　(3)　$\frac{25}{4}$cm^2　　(4)　$\frac{25}{7}$cm^2　　(5)　AE：ED＝24：25

○配点○

各4点×25　　計100点

＜数学解説＞

基本 **1**　(数・式の計算，平方根の計算)

(1)　$(3.26-2.1\times1.5)\times11=(3.26-3.15)\times11=0.11\times11=1.21$

(2)　$0.64\times2.5^2-0.06\times\frac{125}{3}=(0.8\times2.5)^2-0.02\times125=2^2-2.5=4-2.5=1.5$

【別解】 (与式)$=\frac{64}{100}\times\frac{25}{10}\times\frac{25}{10}-\frac{6}{100}\times\frac{125}{3}=4-\frac{5}{2}=\frac{3}{2}$

(3)　$(2\sqrt{3}+3\sqrt{2})(\sqrt{2}-3\sqrt{3})=2\sqrt{6}-18+6-9\sqrt{6}=-12-7\sqrt{6}$

(4)　$8x^3\times(-5xy^2)^2\div(-6xy)=-\frac{8x^3\times25x^2y^4}{6xy}=-\frac{100x^4y^3}{3}=-\frac{100}{3}x^4y^3$

(5)　$\frac{x+4y-3z}{3}-\frac{2x-y+4z}{2}+\frac{x-3y+5z}{6}=\frac{2(x+4y-3z)-3(2x-y+4z)+(x-3y+5z)}{6}=$
$\frac{2x+8y-6z-6x+3y-12z+x-3y+5z}{6}=\frac{-3x+8y-13z}{6}$

2　(因数分解，連立方程式，2次方程式，平方数，角度，体積，確率)

(1)　$16x^2-(a-b)^2=(4x)^2-(a-b)^2=(4x+a-b)(4x-a+b)$

(2)　$\frac{1}{2}x+\frac{3}{5}y=-1$　　両辺を10倍して，$5x+6y=-10$…①　　$\frac{1}{4}x-\frac{1}{2}y=\frac{7}{2}$　　両辺を4倍して，$x-2y=14$…②　　①＋②×3から，$8x=32$　　$x=4$　　②に$x=4$を代入して，$4-2y=14$　$2y=-10$　　$y=-5$

(3)　$2x(2x-1)=(x+3)^2$，$4x^2-2x=x^2+6x+9$，$3x^2-8x-9=0$　　二次方程式の解の公式から，
$x=\frac{-(-8)\pm\sqrt{(-8)^2-4\times3\times(-9)}}{2\times3}=\frac{8\pm\sqrt{172}}{6}=\frac{8\pm2\sqrt{43}}{6}=\frac{4\pm\sqrt{43}}{3}$

(4)　①と②の式に$x=2$を代入すると，$2^2+2a+b=0$　$2a+b=-4$…③　$2^2+2b+6a=0$　$6a+2b=-4$…④　④－③×2から，$2a=4$，$a=2$　③に$a=2$を代入して，$2\times2+b=-4$　$b=-8$　①と②の式に，$a=2$，$b=-8$を代入して，$x^2+2x-8=0$，$(x+4)(x-2)=0$，$x=-4$，2　$x^2-8x+12=0$，$(x-2)(x-6)=0$，$x=2$，6　よって，①のもう一つの解は－4で，②のもう一つの解は6

(5)　$14-n$がk^2(kは0以上の整数)になるとき，$\sqrt{14-n}$は整数になる。$14-n=0$から，$n=14$　$14-n=1^2=1$から，$n=13$　$14-n=2^2=4$から，$n=10$　$14-n=3^2=9$から，$n=5$　$14-n=4^2=16$から，$n=-2$　nは自然数なので成り立たない。よって，$n=5$，10，13，14　よって，求める最小のnは，$n=5$

(6)　①　△EBCの内角の和から，●＋○＝180°－120°＝60°　四角形ABCDの内角の和から，$\angle x+100^\circ+2\times60^\circ=360^\circ$　$\angle x=360^\circ-220^\circ=140^\circ$

②　上方の円柱の半分の体積は，$\pi\times1^2\times2\times\frac{1}{2}=\pi$　下方の直方体の体積は，$2\times2\times1=4$　よって，求める体積は，$\pi+4$(cm³)

(7)　大小2つのサイコロの目の出かたは全部で，$6\times6=36$(通り)

①　$a+b=8$となる場合は，$(a, b)=(2, 6)$，(3, 5)，(4, 4)，(5, 3)，(6, 2)の5通り　よって，求める確率は$\frac{5}{36}$

②　$a\times b$の値が8の倍数となる場合は，$(a, b)=(2, 4)$，(4, 2)，(4, 4)，(4, 6)，(6, 4)の5通り　よって，求める確率は$\frac{5}{36}$

③　$3a-4b>0$となる場合は，$(a, b)=(2, 1)$，(3, 1)，(3, 2)，(4, 1)，(4, 2)，(5, 1)，(5, 2)，(5, 3)，(6, 1)，(6, 2)，(6, 3)，(6, 4)の12通り　よって，求める確率は$\frac{12}{36}=\frac{1}{3}$

3　(図形と関数・グラフの融合問題)

基本　(1)　$y=ax^2$に点Aの座標を代入して，$8=a\times8^2$　$64a=8$　$a=\frac{8}{64}=\frac{1}{8}$

(2)　$BC=4-(-4)=8$　△ABCのBCを底辺としたときの高さは，$8-2=6$　よって，$\triangle ABC=\frac{1}{2}\times8\times6=24$

(3)　直線ABの傾きは，$\frac{8-2}{8-4}=\frac{6}{4}=\frac{3}{2}$　平行な直線の傾きは等しいので，求める直線の式を$y=\frac{3}{2}x+b$として点Cの座標を代入すると，$2=\frac{3}{2}\times(-4)+b$　$b=8$　よって，求める直線の式は，$y=\frac{3}{2}x+8$

(4)　$y=\frac{3}{2}x+8$…①　点Dが①上にあるとき，△ABC＝△ABDとなる。よって，D(0, 8)

重要　(5)　ABの長さは決まっているので，BDの長さがもっとも短くなるとき，AB＋BDの長さはもっとも短くなる。BDは，点Bからy軸へ下した垂線の長さがもっとも短くなるので，D(0, 2)

4　(平面図形の計量問題－三平方の定理，角度，円の性質，面積，角の二等分線の定理)

基本　(1)　△ABCにおいて三平方の定理を用いると，$BC=\sqrt{AB^2+AC^2}=\sqrt{3^2+4^2}=\sqrt{25}=5$(cm)

基本　(2)　円周角の定理から，$\angle CBD=\angle CAD=\frac{90^\circ}{2}=45^\circ$

(3)　$\angle BCD=\angle BAD=45^\circ$　よって，△BDCは斜辺の長さが5cmの直角二等辺三角形になる。よって，BD＝CD＝$\frac{5}{\sqrt{2}}$　したがって，$\triangle BDC=\frac{1}{2}\times\frac{5}{\sqrt{2}}\times\frac{5}{\sqrt{2}}=\frac{25}{4}(cm^2)$

(4)　角の二等分線の定理から，BE：EC＝AB：AC＝3：4　よって，$\triangle EDC=\triangle BDC\times\frac{4}{7}=\frac{25}{4}\times\frac{4}{7}=\frac{25}{7}(cm^2)$

重要 (5)　$\triangle ABC=\frac{1}{2}\times3\times4=6$　△ABCと△BDCの共通な辺BCを底辺とすると，△ABCと△BDCの高さの比は，面積比と等しくなる。AE：EDは高さの比と等しくなるので，AE：ED＝△ABC：△BDC＝6：$\frac{25}{4}$＝24：25

★ワンポイントアドバイス★

4 (5)のAE：EDは，△ABCと△BDCのBCを底辺としたときの高さの比になることを見抜くことがポイントである。しっかりコツをつかんでおこう。

＜英語解答＞

Ⅰ　問1　1. イ　2. ウ　3. ア　4. エ
問2　(例)　I like to play tennis at school.

Ⅱ　1. イ　2. ウ　3. イ　4. エ　5. ウ　6. イ

Ⅲ　1. to　2. since　3. to / his　4. with　5. he lives　6. there

Ⅳ　1. Draw　2. Repeat　3. Secret　4. Thirsty　5. Math

Ⅴ　1. on the ship saw five people crying　2. ①　(She began to study there) Three months ago.　②　(He came back to Japan) In October 1852.　3. ・アメリカと話し合いをした時，英語を使って手伝ったこと　・日本の若者に英語を教えたこと
4. ア　broke　イ　among　ウ　school　エ　years　オ　America
カ　many[enough]

Ⅵ　①　known　②　tallest　③　belongs　④　working　⑤　invited
⑥　sent　⑦　found

Ⅶ　1. (1)　b　(2)　a　(3)　d　(4)　c　(5)　a　2. イ，エ　3. 2

○配点○

Ⅰ～Ⅳ・Ⅵ・Ⅶ　各2点×37　Ⅴ　1・4　各2点×7　2・3　各3点×4　計100点

＜英語解説＞

Ⅰ　(リスニングテスト)

問1　Draw a line, from left to right. Then, draw a second line under it, also from left to right.

The second line should be longer than the one on top

No. 2　Draw a square. Then draw a line across the middle of the square, from left to right.

No. 3　Draw three lines, left to right. The middle line should be the shortest, and the third line the longest. Then draw a line going from the middle of the top line down to the middle of the third one.

No. 4　Draw a square. In the middle of the square, draw a cross. Now, you should be able to see four little squares.

問1　No.1 「左から右に線を描く。それからその線の下に2本目の線を描くが，それもまた左から右に描く。2本目の線は一番上の線よりも長く描かなければならない。」 イ．二　が正解。

No. 2 「四角を描く。それから四角の真ん中を横切るように線を左から右に描く。」 ウ．日が正解。

No. 3 「3本の線を左から右に描く。真ん中の線が一番短く，3番目の線が一番長くなければならない。それから1番上の線の真ん中から3番目の線の真ん中まで線を下に向かって描く。」 ア．王が正解。

No. 4 「四角を描く。四角の真ん中で線を交差させて描く。そこで小さな4つの四角が見えるようにしなければならない。」 エ．田が正解。

問2　Mei：I'm a high school student. I like playing softball at school. What do you like to do at school?

問2 （全訳） メイ：私は高校生です。私は学校でソフトボールをするのが好きです。あなたは学校で何をするのが好きですか？」（解答例） I like to play tennis at school. What do you like ～? と聞かれているので I like to ～. で答えるとよい。I like …ing で答えても可。

基本 Ⅱ （適語選択補充：助動詞，時制，慣用句）

1. 「あなたの姉妹はスポーツが好きですか？」 動詞は一般動詞 like，主語は sisters と複数形なので空所には助動詞 Do が入る。
2. 「昨日誰がここに来ましたか？」 yesterday 「昨日」があるので時制は過去。ウ came を入れる。
3. 「今朝私がケイトを訪ねた時，彼女はまだ寝ていました。」 sleeping があるのでbe動詞を入れて進行形にする。visited と過去形になっているのでイ. was を入れ過去進行形にする。
4. 「もう少し牛乳を飲みますか？」 Will you have ～? で「～はどうですか？」と何かを勧める表現。
5. 「これらの質問はとても簡単なので，私はそれに答えられる。」 so ～ that …「とても～なので…」の構文。

重要 Ⅲ （書き換え：不定詞，間接話法，前置詞，間接疑問文）

1. 「私は何をするべきかわからない」 疑問詞＋不定詞で「…するべき～」の意味になる。what to do で「何をするべきか」という意味。
2. a 「彼は2000年から私たちの学校で教え始めた。そして彼はまだ私たちの学校で教えている」→ b 「彼は2000年以来ずっと私たちの先生だ」 2000年から今までずっと，なのでbは継続を表す現在完了形の文。現在完了形と共に使い「～から」の意味を表す前置詞は since。
3. a 「彼は私に言った『ぜひ家に来て』」→ b 「彼は家に来てくれるようにと私に言った」 直接話法から間接話法の文に書き換える。〈ask ＋(人)＋ to …〉で「(人)に…するように言う[頼む]」の意味。主語は He なので my house は his house になることに注意。
4. a 「あの家々を見て。美しい庭がある」→ b 「美しい庭がある家々を見て」 with には「所有」の意味があるので物が主語の場合は，with ～ で「～がある…」という意味になる。
5. a 「彼はどこに住んでいるのですか？　知っていますか？」→ b 「彼がどこに住んでいるのか知っていますか？」 where 以下が know の目的語になる間接疑問文。間接疑問文では〈主語＋動詞〉の平叙文の語順になるので he lives という語順。lives と三単現 -s を忘れないようにしよう。

6. 「あなたの市にはいくつの学校がありますか？」 have の主語が物の場合，「～がある」と訳す。「～がある」という表現 there are ～ を使う。How many ～? 疑問文なので are there の語順にする。

基本 Ⅳ （語彙問題）

1. 「Draw「描く」は鉛筆やペンで何か絵を作ること」
2. 「Repeat「繰り返す」は何かを再度言ったりしたりすること」
3. 「Secret「秘密」は数人にしか言わない何かのこと」
4. 「Thirsty「喉が渇いている」は飲みものが欲しい，または必要なこと」
5. 「Math「数学」は数字や図形の科学である」

Ⅴ （長文読解問題・物語，歴史：語句整序，英問英答，内容把握，要旨把握）

（全訳） ユイはアメリカの高校で勉強をしている日本人の生徒である。彼女はこの学校に3か月間いて学校生活を楽しんでいる。

昨日ユイは「ジョン万次郎-日本とアメリカの架け橋」という題のスピーチをした。彼女はクラスの前に行き話し始めた。

1841年の夏のある日，鳥島の近くでアメリカの船が捕鯨していた。その船に乗っていた男たちは島で助けを求め叫んでいる5人の人たちを見た。男たちのうちの何人かがそこに行き，全員を船に連れ帰った。助けを求めていた人たちは強風で壊れた船に乗っていた日本人だった。その中には15歳の少年もいた。彼の名前は万次郎だった。

秋になり捕鯨のシーズンが終わった。船はアメリカへと戻っていった。万次郎はアメリカに連れていかれた。彼は学校に行き英語や科学，その他のこともたくさん学んだ。彼はとても一生懸命勉強したので，学校で最優秀生徒の一人になった。

アメリカにいる時，万次郎は日本に戻りたいといつも思っていた。ついにその機会が訪れた。彼はまずハワイに行き，そこから中国行きのアメリカ船に乗った。船が琉球の近くに来たとき，彼はハワイから持ってきていた小さな船に乗り込んだ。何時間もかかった末，彼の船は島の一つにたどり着いた。彼は発見され長崎に連れていかれた。そこに滞在した後，1852年10月に彼は家に戻った。

当時，日本はまだ鎖国していた。アメリカは日本と友好関係を築きたいと思い，扉を開けるよう日本に頼んだ。

英語がわかる日本人はほとんどいなかった。日本にとって，英語が話せる人は重要だった。日本がアメリカと対話する時，万次郎は英語を使って手助けした。また，彼は日本の若者に英語も教えた。彼は二国間の架け橋の役になったのだ。

ユイのスピーチが終わると，クラスの全員が拍手をした。そして彼女の友達がユイの所に来て言った。「なんてすばらしいスピーチ！万次郎のようにあなたが日本とアメリカ両国の架け橋になってくれることを望んでいます。」ユイはその言葉を聞いてとても嬉しく思った。

重要 1. (The men) on the ship saw five people crying (out for help on the island). 「その船に乗っていた男たちは島で助けを求め叫んでいる5人の人たちを見た」 主語は The men on the ship，動詞に saw を置き「船に乗っていた男たちは見た」というS＋Vの形を作る。目的語は five people。crying 以下は five people を後置修飾する現在分詞。crying から island までひとまとまりで five people を修飾している。cry out で「叫ぶ」の意味。

重要 2. ①「ユイはいつからアメリカの高校で勉強を始めましたか？」最初の段落第2文参照。本文では has been in school for three months「3か月間学校にいる」と期間を表す表現になっている。質問文は when と具体的な時期を訪ねているので現在完了形や for three months「3か月間」のように期間を表す表現は不可。「3か月前」 Three months ago. という勉強を始めた時を答える。全文で答える場合は She began to study there three months ago. とする。

②「万次郎はいつ日本に戻りましたか？」第4段落最終文参照。In October, 1852. と答える。全文で答える場合は He came back to Japan in October 1852.

3. 最後から2番目の段落参照。①3文目。Manjiro helped the country by using English. の部分をまとめる。この by は「～を使って」という手段を表す。 ②最後から2文目をまとめる。young Japanese people「日本の若者」

重要 4. （全訳） 鳥島の近くで5人の日本人を乗せた船は強風で(ア)壊れた。彼らはアメリカの捕鯨船に助けられた。5人(イ)の中には万次郎という名の少年がいた。彼はアメリカに連れていかれ(ウ)学校で多くのことを学んだ。アメリカにいた時，万次郎は日本に戻ることをいつも望んでいた。

およそ(エ)10年後に彼が日本に戻った時，日本はまだ開国していなかった。日本は扉を開け，(オ)アメリカと友好関係を築くよう頼まれた。

しかし日本には英語を理解する人はほとんどいなかった。日本は英語が堪能な人を必要としていた。万次郎は英語を使い日本とアメリカ両国に大きく貢献した。

（ア） 第3段落最後から2文目参照。本文 a boat that was broken by a strong wind の that は関係代名詞で「強風で壊された船」という受け身の文。ここでは a strong wind を主語にした能動態の文にする。過去時制なので broke。

（イ） 第3段落最後の2文参照。among them の them は five people を指す。a boy named Manjiro「万次郎という名の少年」の named は a boy を後置修飾する過去分詞。

（ウ） 第4段落第4文参照。「学校に行って学んだ」という内容の文を「学校で学んだ」とする。「学校で」は at school。

（エ） 第5段落最終文参照。彼が家に戻ったのは1852年。アメリカの捕鯨船に助けられたのは1841年であることからおよそ10年後に家に戻ったことがわかる。ten years later とする。

（オ） 第6段落最終文参照。本文は America が主語。要約文では Japan が主語となっているので空所には America が入る。make friends with ～ で「～と友達になる」という意味。国同士なので友好関係を築くということ。

（カ） 第7段落最初の文参照。very few「ほとんどいない」は，いることはいるが，ほとんどいないに近いというニュアンス。not many または not enough「多くはいない」「十分ではない，足りない」という形にする。

重要 Ⅵ （適語補充問題：現在完了，比較，進行形，受け身，後置修飾）

（全訳） 私はジェーンのことは6か月間①知っている。私たちは同じクラスである。彼女はその中で②一番背が高い。彼女は学校のバレーボールチームに③所属している。彼女のお父さんは現在日本で④働いているジャーナリストである。先週の土曜日に私は彼女の家に⑤招かれた。彼女はオーストラリアにいる叔母さんが⑥送ってくれた写真を何枚か私に見せてくれて，その中にコアラの写真を⑦見つけた。その後で私はジェーンと彼女の両親と一緒に夕食を食べた。私たちは皆とても楽しい時間を過ごした。

① 空所直前に have があり，for six months と期間を表す語句があることから「～の期間ずっと」という継続の意味を表す現在完了形にする。過去分詞 known を入れる。

② 空所直前に the があり文尾に of all があることから最上級になることがわかる。tallest を入れる。

③ 現在も所属していることから現在形。三人称単数 she が主語なので三単現 -s を忘れずにつける。belong は「所属している」という意味でも状態を表す動詞であることから進行形にしない

ことにも注意。belongs が正解。

④　関係代名詞 who の先行詞は her father。したがってこの動詞の主語は her father ということ。父親は現在日本で働いているという意味にするため2語前の is と合わせて is working と進行形にする。

⑤　invite は「招待する」という意味。私は「招待された」ので was invited と受け身の文にする。

⑥　some pictures と send は「写真は送られた」という受け身の関係になるので過去分詞 sent で修飾する。sent から Australia までひとまとまりで some pictures を後置修飾している。

⑦　文の時制は過去なので find の過去形 found を入れる。

Ⅶ　**（長文読解問題・説明文：適語選択補充，内容正誤判断，内容理解）**

（全訳）　人は様々な方法で旅をする。飛行機で旅をする人もいれば車で行くことを好む人もいるし，バスを利用するのが好きな人もいる。時間のある人は船旅を楽しむ人もいるかもしれない。

私はかつてバスでアメリカを旅したことがある。長旅でたくさんの都市や町に行くために作られた長距離バスがある。これらのバスはアメリカでは最も重要な旅の方法の1つになった。バスはとても大きく，また大きな窓もあるので，人々は道中たくさんの面白い場所を見ることができる。人々はバスの中で手や顔を洗うこともできる。私は初めての長距離バスでの旅行を大いに楽しんだ。

アメリカには旅をするのが好きな人がたくさんいる。彼らは旅の前にどこに行きたいのか，何を見たいのかをよく考える。過去に興味があるのであれば，古い建物があり歴史的に重要な場所を訪れることができる。ただ旅を楽しみたい人は国のたくさんの面白い場所を訪れることができる。この長距離バスでアメリカ中のほとんどの場所に行くことができるのだ。

重要　1.　(1)　先行詞は buses で物なので b. which を入れる。　(2)　先行詞は many people で人なので a. who を入れる。　(3)　「どこに行きたいか」という意味にするため d. where を入れる。　(4)　「何を見たいか」という意味にするため c. what を入れる。　(5)　先行詞は People で人なので a. who を入れる。

2.　ア「時間があれば人々は飛行機で旅ができる」（×）　第一段落最終文参照。時間がある人は船旅を楽しめるとあるので不一致。　イ「長距離バスはアメリカの様々な場所に行く」（○）　第2段落第2文に一致。　ウ「眠るためのベッドがある長距離バスがある」（×）　そのような記述はない。　エ「長距離バスで人々はたくさんの場所を訪れ楽しむことができる」（○）　最終段落最後から2文目に一致。　オ「旅をする全ての人は古い建物のある重要な場所を訪れる」（×）　最終段落第3文参照。過去が好きな人がそのような場所を訪れるので，すべての人ではないため不一致。

3.　長距離バスでのアメリカの旅を紹介しているので2「バスでのアメリカ旅行」が正解。　1「長距離バスの運転」　3「アメリカにいる外国人」　4「歴史的に重要な古い建物」

★ワンポイントアドバイス★

適当な形に変えて補充する問題や，適語選択補充問題では，空所の前後の語句をよく見てヒントになる語句を探してみよう。適当な形に変える場合は，時制や三単現 -s，複数形など細かいところにも気を付けよう。

＜国語解答＞

一　問一　①　けいだい　②　しさ　③　ほうき　④　あやつ(る)　⑤　とどこお(る)
問二　①　伐採　②　伯仲　③　過程　④　復旧　⑤　構(える)
問三　①　ウ　②　ア　③　イ　④　エ　⑤　ウ

二　問一　ア　問二　イ　問三　死ぬまで戦う　問四　ウ　問五　ア
問六　(例)　無理に参加させよう　問七　(例)　ノーと言う[はっきり断る]
問八　ドイツ，日本，アメリカ

三　問一　エ　問二　ア　問三　エ　問四　ウ　問五　イ　問六　(例)　セカンドに戻して[ファーストからおろして]　問七　ウ
問八　ア　○　イ　×　ウ　○　エ　×　オ　×

四　問一　①　ウ　⑤　ア　問二　猫　問三　ころう　問四　イ　問五　ウ
問六　イ　問七　(例)　猫が近づいてきたことを知る方法[猫から自分たちの身を守る方法]

○配点○
一　各1点×15　二　問一・問八　各3点×2　他　各4点×6　三　問三・問八　各2点×6
問五　3点　他　各4点×5　四　問五・問六　各3点×2　問七　4点　他　各2点×5
計100点

＜国語解説＞

一　(漢字の読み書き，品詞・用法)

問一　①　神社や寺院の敷地の中。「境」の他の音読みは「キョウ」。　②　それとなく知らせること。「唆」の訓読みは「そそのか(す)」。　③　権利などを捨てて行使しないこと。「棄」を使った熟語は，他に「棄却」など。　④　他の訓読みは「みさお」。音読みは「ソウ」で，「操縦」「節操」などの熟語がある。　⑤　音読みは「タイ」で，「停滞」などの熟語がある。

問二　①　樹木を切り倒すこと。　②　力がつりあっていて優劣がつけがたいこと。　③　物事が進行していく道筋。　④　壊れたものが元の状態に戻ること。「旧」を使った熟語は，「新旧」「旧友」など。　⑤　音読みは「コウ」で，「構想」「虚構」などの熟語がある。

問三　①と⑤は自然にそうなる，②は他から動作を受ける，③は～できる，④は相手を敬うという意味を選ぶ。

二　(論説文―内容吟味，文脈把握，脱文・脱語補充)

基本　問一　直後の文に「日本は社会的に非常に声が大きい」とあるので，［①］の直前の「物言わぬ日本」は，現実にはあり得ない想像である。

問二　直後の文の「もし相手が期待に沿う行動を取らなかったら『心の刀』が抜かれる」は，相手が従わなければ致命的な打撃を与えることを意味している。この内容を述べているイが最もふさわしい。「メンタル空手」は，アの「相手の命は保証しつつ」，ウの「世界でも有名になった」，エ「道具を使わずに」ということを言うための造語ではない。

問三　直前の文の「メンタル空手で今あなたを殺すこともできるが，そうはしない」ことが「技の一つ」として必要としており，空欄の前後にあるように「そうしないと」どうなるからなのかを考える。直前の段落の「メンタル空手をしている状況になると人々は死ぬまで戦ってしまう」から理由を読み取り，同じ内容で空欄にあてはまる語を後から抜き出す。

問四　――部④は「ドイツ人」のビジネスの様子をたとえている。同じ段落の「物言わず感じよくふるまい……でも裏で，彼らには何も売らないようにしようとなる」という様子を説明しているウを選ぶ。他の選択肢は，このドイツ人のビジネスの様子にふさわしくない。

重要 問五　直前の段落では，日本では「最終的にこちらが降参する」まで「みんなが戦いを仕掛けてくる」事例を挙げて説明している。この内容を，自分たちの意に沿わせるためには相手の事情を考慮しようとはしないと言い換えているアが最もふさわしい。日本人の行動は，イの「よい人間関係を築くため」ではない。ウはこの事例に合わない。エの「相手の意思」は「尊重」していない。

やや難 問六　「私としては」で始まる段落に，パーティに行きたくない人に対して，ドイツ人の「私は引き下がってノーを受け入れました。彼はパーティに来たくないのだな，それでかまわないと」とある。この様子を，無理に参加させようとはしないから，などと表現する。

問七　直前の段落で，「同調圧力」を「社会的シチュエーション」と言い換えている。アメリカ人が同調圧力から抜け出す様子を具体的に述べている部分を探す。「このような」で始まる段落で「アメリカ人には簡単にノーが言える」などの説明をもとに簡潔に答える。

問八　筆者は，何と何と何「の間に程よいレベルを定める必要がある」としているのか。直後の文の「ドイツと日本とアメリカはどれも極端ですからね」に着目する。

三　（小説―大意・要旨，情景・心情，内容吟味，文脈把握，脱文・脱語補充，語句の意味）

問一　直前の文の「それほど口数の多い娘ではなかったが，やっぱりふさぎ込んでいる」から，「わたし」は連日厳しい指導を受けている真帆が心配だからだとわかる。アの「部員の力量をきちんと把握していない」と読み取れる描写はない。イの「自分」を心配しているのではない。一つ後の文に「名前を呼ばれるのは真帆ばかり」とあり真帆は参加しているので，ウもふさわしくない。

問二　ミタセンの「清水さん，そこリズムおかしいよ」「楽譜がからだに入ってないよ」「違う違う」などの会話からは，自分の指導に対する自信が読み取れ，最終場面の「先生，先生ってなんでも教師に頼るんじゃないよ，まったく」という会話からは生徒への気遣いは感じられないので，アが最もふさわしい。「音楽やりたいからたまたま先生やってるだけ」という会話に，イとウはふさわしくない。厳しく指導しているので，「指導力に欠ける」とあるエもふさわしくない。

問三　人から問われていないのに，自分から語り出すという意味であることから判断する。

やや難 問四　「わたし」は，真帆と「仲がいいつもりだったけど」，真帆のことを「何も知らなかったんだな」と感じている。この自分自身を振り返る「わたし」の心情を「内省」と表現しているウが最もふさわしい。真帆は「すごいあがり症」ではあったが，ファーストになるまでは，アにあるように「ずっと苦しさを我慢していた」わけではない。イの「失望」やエの「怒り」は感じられない。

問五　直前の「大学入試だって失敗するのはわかってる……行けるところを探そうと思ってるんだ」という会話から，真帆の思いを読み取る。あがり症の自分をあきれて笑っているので，「自嘲」とあるイを選ぶ。真帆の会話から，アの「友人への気遣い」やエの「安堵感」は読み取れない。真帆は，ウ「自分の居場所がどこにもない」ことを嘆いているわけではない。

問六　真帆の元気がなくなったのは，ミタセンに「ファーストとセカンドを交代してみてちょーだい」と言われ，吹奏楽の世界では花形であると同時に責任もある「ファースト」になったためである。「わたし」は，ミタセンに真帆をセカンドに戻してほしいと「直談判」をしたと推察できる。

問七　「消費者」は，サービスの享受者という意味である。前の「なにより彼女の気持ちが大事でしょ」や「生徒の感情を思いやって育てるのが教師の仕事でしょ」という「わたし」の言葉を聞いて，ミタセンは「態度が消費者」と言っていることから，「先生は生徒の要求を叶えてくれると信じている」とあるウが最もふさわしい。アの「すべての人に」とは述べていない。イは「消費者」という表現をふまえていない。「わたし」の会話は教師に対する要求で，エの「学校」にではない。

重要 問八　アは「真帆はわたしにとって」で始まる段落の内容に，ウは本文の描写にあてはまる。

四　(古文―大意・要旨，情景・心情，文脈把握，脱文・脱語補充，文と文節，仮名遣い，口語訳)

〈口語訳〉 ある時，鼠が，老若男女そろって集まって，協議したことには，「いつも猫といういたずら者に(仲間が)殺される時，千回悔やんでも，その効果はない。あの猫が，声を出すか，そうでなければ，足音が大きいなどすれば，あらかじめ用心することができるけれども，こっそりと近づいてくるので，(私たちは)油断して，捕まえられるばかりだ。どうしたらいいだろうか」と言ったので，長老の鼠が，進み出て言ったことには，「結局のところ，猫の首に鈴を付けておきましたら，簡単に(猫が近づくのが)わかるでしょう。」と言う。みんなは，「なるほど」と同意した。「それならば，この中から，誰が出て，猫の首に鈴をお付けになりますか」と言うけれども，身分の高い鼠から低い鼠にいたるまで，「私が，付けよう」と言う者はいなかった。このため，その決定は，落着せず，その場から(鼠たちは)立ち去った。

問一　①　古語の「かねて」には，前もってという意味がある。　⑤　ここでの「ん(む)」は意志の意味を表す。

問二　「油断して」「取らるる」のは「鼠」。「鼠」を取るものを抜き出す。

問三　歴史的仮名づかいの「こらう」は，現代仮名づかいでは「ころう」と読む。

重要 問四　前に「かの猫，声を立つるか，然らずは，足音高くなどせねば，かねて用心すべけれども」とある。猫が音を立ててくれれば用心できるというのであるから，音がするものを選ぶ。

基本 問五　直後の「同心す」にふさわしいものを選ぶ。

問六　「古老の鼠」の猫の首に鈴をつけるという考えに鼠たちは同意したが，私が付けようという鼠はいなかったという内容から考える。ア・ウ・エは，この内容にふさわしいものではない。

やや難 問七　「いつも猫といふ徒ら者に」で始まる会話は，猫は音を立てないので自分たち鼠は油断して殺されてしまうが，どうしたらいいだろうか，というものである。したがって，鼠たちが相談しているのは，猫が近づいてきたことを知る方法である。「方法」という語を忘れずに用いる。

★ワンポイントアドバイス★

選択肢には，紛らわしいものが含まれている。選択肢の全文を読んで，判断することを心がけよう。

2022年度

★★★★★★★★★★★★★★★★★★★★★★★

入　試　問　題

2022年度

大妻嵐山高等学校入試問題

【数　学】（50分）　＜満点：100点＞

【注意】 鉛筆，消しゴム以外のものを使用できません。

1 次の計算をしなさい。

(1) $(2.4-1.1\times0.8)\times1.5$

(2) $0.81\div\left(\dfrac{3}{2}\right)^2-0.1\times\dfrac{32}{5}$

(3) $(\sqrt{12}+\sqrt{8})(4\sqrt{3}-3\sqrt{2})$

(4) $6x^2\times(-3xy^2)^2\div(-2xy)$

(5) $\dfrac{2x+y+z}{2}-\dfrac{3x-6y+2z}{4}+\dfrac{3x+y}{2}$

2 次の各問に答えなさい。

(1) $x^2+2xy+y^2-16$ を因数分解しなさい。

(2) 連立方程式 $\begin{cases} 4x+3y=-14 \\ \dfrac{1}{5}x-\dfrac{1}{4}y=\dfrac{5}{2} \end{cases}$ を解きなさい。

(3) 2次方程式 $(x+4)(x+3)=2(x^2+9)$ を解きなさい。

(4) 2次方程式 $x^2+ax-2=0$ の解が $x=\sqrt{2}$ のとき，定数 a と他の解をそれぞれ求めなさい。

(5) $2\leqq\sqrt{n}\leqq3.1$ を満たす自然数 n は何個あるか求めなさい。

(6) 右の図において，$\angle x$ の大きさを求めなさい。
ただし，点Oは円の中心とします。

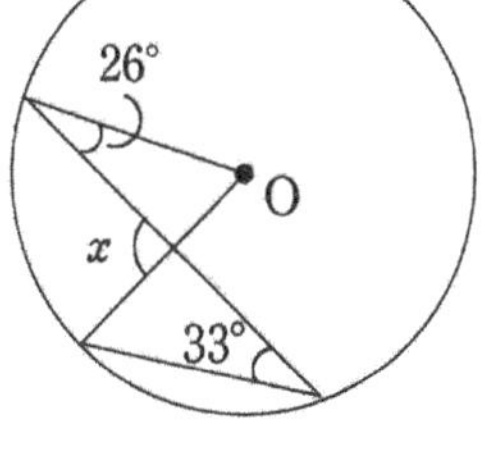

(7) 右の立体は1辺が4㎝の立方体です。
このとき，三角錐A－BCFの体積を求めなさい。

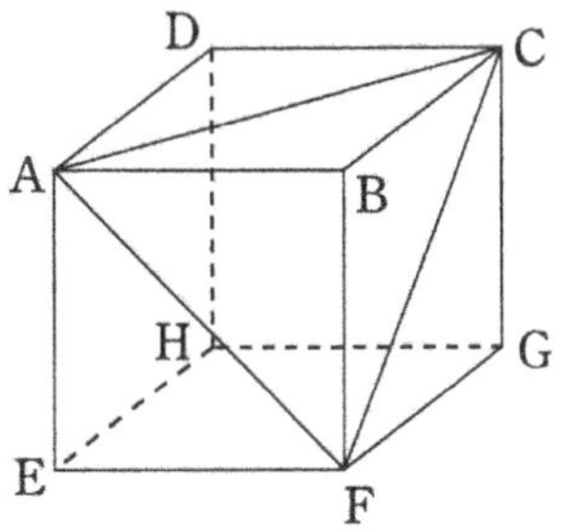

(8) 大小2つのさいころを同時に1回投げて，大きいさいころの目を a とし，小さいさいころの目を b とします。このとき，次の各問に答えなさい。

① $a=b$ となる確率を求めなさい。

② $a\times b=12$ となる確率を求めなさい。

③ $2a+b\leqq 8$ となる確率を求めなさい。

3 右の図のように，直線 ℓ は放物線 $y=ax^2$ 上の点A$(-4,\ 8)$と，点B$(4,\ 0)$を通ります。
また，x 軸に関して点Aと対称な点をCとします。さらに，線分BC上に点Dがあります。
このとき，次の各問に答えなさい。

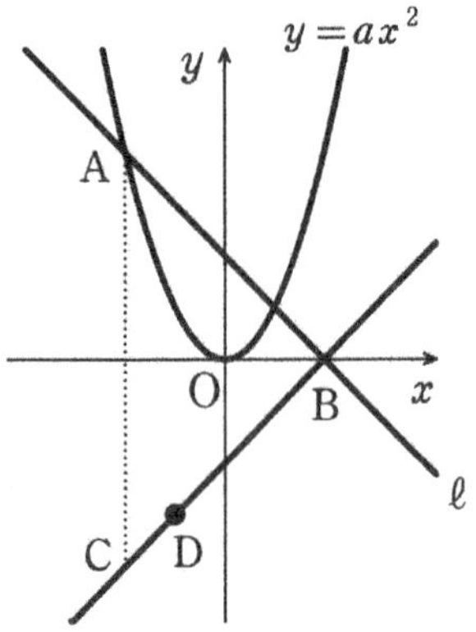

(1) a の値を求めなさい。

(2) 直線 ℓ の方程式を求めなさい。

(3) △ABCの面積を求めなさい。

(4) 直線BCの方程式を求めなさい。

(5) △ABCの面積と△ABDの面積の比が8：5となるような，点Dの座標を求めなさい。

4 右の図のように，AD // BCである台形ABCDが半径 $2\sqrt{2}$ の円Oの内側で接しています。線分AOを延長した直線と円Oとの交点をEとすると，∠COE＝45°です。
また，点Oから線分ADに下ろした垂線をOHとします。このとき，次の各問に答えなさい。
ただし，点Oは円の中心で線分BC上にあります。

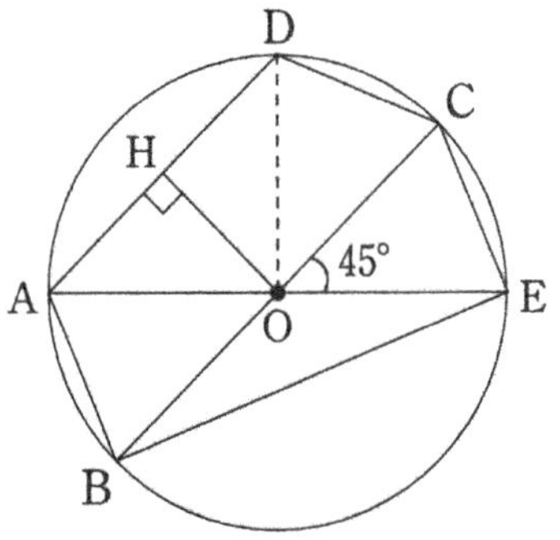

(1) ∠DOHの大きさを求めなさい。

(2) 線分ADの長さを求めなさい。

(3) 台形ABCDの面積を求めなさい。

(4) △OBEの面積を求めなさい。

(5) 五角形ABECDの面積を求めなさい。

【英　語】（50分）　＜満点：100点＞　※リスニングテストの音声は弊社HPにアクセスの上，音声データをダウンロードしてご利用ください。

Ⅰ　聞き取りテスト

問1　英文を聞いて，次の（A）～（D）の空所のところで読まれる英単語または数字を書きなさい。

Science in the news

A recent study has（　A　）strong evidence that all humans have a common African ancestor. The study says a common ancestor first appeared in Africa about（　B　）years ago. The study also says that humans left Africa to live in other parts of the world about（　C　）years ago. The study was done at Uppsala University in Sweden. Researchers looked at the DNA of 53 people from all over the world. The chief researcher of the study said looking at the DNA of each person helped researchers to（　D　）their genetic ancestry.

問2　始めに，留学生の Mei が自分自身のことを話します。次に Mei があなたに質問をします。その質問に対する答えを英語1文で書きなさい。

Ⅱ　次の1．～6．の（　）に入る最も適切な語（句）を下のア～エの中からそれぞれ1つずつ選び，記号で答えなさい。

1．I asked her（　　）there with me.

ア　go　　イ　going　　ウ　has gone　　エ　to go

2．Give me something hot（　　）drink.

ア　in　　イ　to　　ウ　on　　エ　at

3．You know Ken has a dog（　　）?

ア　does he　　イ　doesn’t he　　ウ　do you　　エ　don’t you

4．First you must read this story without（　　）a dictionary and understand the outline.

ア　use　　イ　to use　　ウ　using　　エ　used

5．Paul’s father is（　　）as a kind doctor.

ア　known　　イ　knew　　ウ　know　　エ　knowing

6．My mother says that the islands（　　）from the top of the mountain are very beautiful.

ア　see　　イ　saw　　ウ　seen　　エ　seeing

Ⅲ　次の1．～6．のa．とb．の文がほぼ同じ意味をあらわすように，それぞれの（　）に入る最も適切な英語1語を答えなさい。

1．a．Tom is fond of listening to music.

　b．Tom（　　）（　　）listen to music.

2．a．Nancy’s father will buy a car. It was made in Japan.

b．Nancy's father will buy a car (　　　) in Japan.

3．a．Jane is busy.　Helen is busy, too.

b．(　　　) Jane and Helen are busy.

4．a．Speaking English is easy for Aki.

b．(　　　) is easy for Aki (　　　) speak English.

5．a．I have never eaten such a big apple.

b．This is (　　　)(　　　) apple that I have ever eaten.

6．a．He couldn't run because he was very tired.

b．He was (　　　) tired (　　　) run.

Ⅳ　次の１．～５．の文の（　）に入る最も適切な語を１語ずつ書きなさい。ただし，示されている文字で始めること。

1．In Japan, people must drive on the (l　　　) side of the street.

2．There are over one hundred and fifty countries in the (w　　　).

3．A year has twelve months, and a day has twenty-four (h　　　).

4．I saw him three years ago.　I haven't heard about him (s　　　) then.

5．Which do you like (b　　　), summer or winter?

Ⅴ　次の英文を読んで，あとの問に答えなさい。

The word "hello" is one of the words (　a　) are used most often in the English language.　When people answer the phone, the first word they hear is "hello."　Where did the word come from?　①There are many kinds of ideas. Some people say (　b　) it comes from the French word "hola."　"Hola" means "Oh, are you there?"

In the 11th century Englishmen began to use this word when they met each other.　Then the word changed many times.　And (　c　) the 19th century, the word "hello" was used.　People say that ②Thomas Edison was the first American to use the word "hello" in the 19th century.　At first, people said, "Are you there?" when they began to talk on the phone.　They didn't know (　d　) the phone could really carry voices.　But Edison knew someone was talking there, and he was a man (　e　) usually didn't talk much.　So he only said, "Hello." From that time – only about 100 years ago – the word "hullo" became "hello."

1．下線部①の内容を具体的にあらわした文になるように，次の文の空所に当てはまる最も適切な１語を下の【　】内から選びなさい。

There are many kinds of ideas about the ＿＿＿ of the word "hello".

【 history　/　letter　/　science 】

2．下線部②の意味を「トーマス・エジソンは」に続けて書きなさい。

トーマス・エジソンは（　　　　　　　　　　　　　）であった。

3．（a）～（e）の（　）内にあてはまる最も適切な語をそれぞれ次のページのア～エから選び記号で答えなさい。

(a) ア they　イ which　ウ whose　エ who
(b) ア that　イ how　ウ when　エ if
(c) ア while　イ when　ウ during　エ at
(d) ア which　イ when　ウ that　エ where
(e) ア he　イ which　ウ whose　エ who

4．本文の内容と合うように，次の英文中の（①）～（⑤）にあてはまる適切な語を１語ずつ書きなさい。

The word "hello" is one of the English words which people (①) most often. In the 11th century Englishmen began to use the (②) word "hola," when they met each other. And in the 19th century people said "Hullo."

When people talked on the phone, at first they said, "Are you there?" They didn't know someone was really (③) there. But Edison knew that, and he usually spoke only one (④), "hello".

People have used the word "hello" (⑤) then.

Ⅵ　次の英文を読んで，あとの問に答えなさい。

One day a little boy looked at his dog and said to his mother, "Our dog always *barks. Can a dog speak like us?" His mother could not answer the question. How do you answer (A) this boy's question?

We use language to talk with each other. When we are in Japan, we try to use the same language to talk with each other and to understand each other. In the UK, we try to speak (B) to talk with people. But how about dogs? Do you think that dogs can speak Japanese or English? Do you think that dogs can't talk to each other because they can't speak any languages?

They can talk or communicate with each other. We can't understand what their language is. Then how do they communicate? They bark or cry. Many animals cry to communicate with each other. We can't understand what they mean, and sometimes we can't hear small animals when they cry, but they are communicating with each other.

Some animals have many different ways to cry. A Japanese monkey can cry in about 40 different ways. Dolphins can talk very fast just like us. And they may understand some of our languages. So some people are now studying how to communicate with dolphins.

We have different kinds of languages. We use our faces and hands to communicate. This is called body language. For example when we are happy, we can show it with our faces. How do you do it? [C] By that, people can know that we are happy. How about dogs? Yes, it is very important for a dog to use its *tail to communicate. Dogs usually *wag their tails when they are happy. That is a dog's body language.

Well, people can communicate with each other by spoken or written language and body language. As you read, dogs bark and use body language to communicate with each other. Do you think that people and animals can communicate with each other through these languages? If we can, e may see animals in a new way.

*bark 吠える *tail しっぽ *wag 振る

1．下線部(A)の this boy's question の内容を示す部分を，本文中から英語のまま抜き出して書きなさい。

2．（B）の中に入る適切な1語を本文中から抜き出して書きなさい。

3．文中の C の中に入る最も適切な内容の英文を前後の内容を参考にして書きなさい。

4．人間とイルカとの間の意思伝達の研究が行われるようになったはなぜか，本文の内容をもとに日本語で書きなさい。

5．次の日本文の内容が，本文の内容と合うように，①～③の下線部の（ ）に入る適切な言葉を日本語で書きなさい。

人間以外の動物の中には，①(　　　　) のように，およそ40種類の②(　　　　) を使って相互に意思の伝達をするものもいる。また，人間にとっては，身振り手振りもコミュニケーションの重要な手段であり，③(　　　) や(　　　) といった身体の一部を使って，自分の気持ちを伝えることもできる。

6．本文の内容に合っているものを，次のア～キから3つ選び，記号で答えなさい。

ア This is a story about a little boy who could answer his mother's question.

イ People can communicate by spoken and written language.

ウ Dogs have a language to talk with people.

エ When animals cry, we can always hear them.

オ Humans and dogs use body language to communicate.

カ People and dogs use the same body language to communicate with each other.

キ People still can't communicate with animals well.

ふさわしいものを次の中から一つ選び、記号で答えなさい。

ア　緊張で固まっていた太郎の気持ちをほぐすことに成功したと思えたということ。

イ　かたくなな太郎の心が解放される糸口をついに見つけた実感を得たということ。

ウ　自分を隠そうとしていた太郎の警戒心を解く確証が得られたということ。

エ　感情を押し殺していた太郎がやっと自分から心の扉を開こうとした瞬間が来たということ。

四　次の古文を読み、後の問いに答えなさい。

今様の事（流行していること）どものめづらしきを、①いひひろめ、もてなす（もてはやすのは）こそ、又うけ（納得）られね（できない）。世にことふりたるまで（世間で流行遅れになるまで）知らぬ人は、②心にくし。いまさらの人（新しく来た人）などのある時、ここもと（仲間内で話慣れている話題）に言ひつけたることぐさ、ものの名など、③心得たるどち（同士）、片端言ひかはし、目見合はせ、笑ひなどして、④心知らぬ人に心得ず思はする事、世なれず、よからぬ人の、必ずある事なり。

（『徒然草』より）

問一　――部①について、意味が通じるように、漢字・仮名交じりの表現に書き直しなさい。その際、歴史的仮名遣いは現代仮名遣いに直すこと。なお、漢字は二字使うことを条件とする。

問二　――部②のここでの意味を次の中から選び、記号で答えなさい。

ア　奥ゆかしいものだ。　イ　気に入らないことだ。

ウ　にくらしいことだ。　エ　安心できることだ。

問三　――部③とは、ここではどういう人同士ですか。わかりやすく説明しなさい。

問四　――部④の解釈として適切なものを次の中から選び、記号でこたえなさい。

ア　人の心はわからないので、納得できなくても仕方がないと思う事。

イ　その場のことをわからない人に、どうすれば良いのかわからなくさせる事。

ウ　人の気持ちが分からないからと言って、誰かを傷つけてしまうのは良くないという事。

エ　心が通じ合っていると思っていた人の気持ちが分からなくなってしまう事。

問五　本文の筆者名を漢字で答えなさい。

※問題作成の都合上、文章の一部を省略・変更《へんこう》しました。

注　お父ちゃん・お兄ちゃん…「ぼく」のこと。
フィンガー・ペイント…筆を使わずに指で描く画法。「ぼく」は以前、太郎にフィンガー・ペイントを提案したが、太郎は嫌がった。
荒蕪地…荒れ地。　かいぼり…川や池の水を抜いて清掃をする作業。
エビガニ…ザリガニのこと。　グワッシュ…水彩絵の具の一種。
せんに……以前に。

問一　――部①「自分で描く」とありますが、「ぼく」は子供が「自分で描く」とはどのようなことだと考えていますか。次の中から最もふさわしいものを一つ選び、記号で答えなさい。
ア　誰にも何にも規制されることなく、興味や熱意のままに描くこと。
イ　技法をしっかりと理解して、子供らしい美しい画を描くこと。
ウ　ぼくが教えたヒントをたよりに、ぼくの画風を継承していくこと。
エ　年齢に応じた技術をもとに、自分にしか描けない画を描くこと。

問二　――部②「彼を敘ったものはその叫びだった」とありますが、どういうことですか。最もふさわしいものを次の中から一つ選び、記号で答えなさい。
ア　おもしろみのない孤独な世界から「彼」が抜け出して、潜在的に持っていた画への欲求に従おうと思えたこと。
イ　ひとりの世界で人間との関わりを一切拒んでいた「彼」が、身体的な恐怖心を与えられることで初めて他人と触れ合えたということ。
ウ　空間に放り出されるような新鮮な体感によって、「彼」が本来持っていた自らの感受性に気づき、取り戻したということ。
エ　体が空中に投げ出されるような経験を初めてすることで、画を描くという新しい経験もしてみたいという欲が出たということ。

問三　――部③「功を奏した」とありますが、本文中での意味として最もふさわしいものを次の中から一つ選び、記号でこたえなさい。
ア　功績をあげたと自慢した　　イ　思惑どおり機能した
ウ　成功を確認した　　エ　結果にほくそ笑んだ

問四　――部④「彼の内部で発火するもの」とありますが、具体的にはどういうことですか。次の文の空欄に入る語を考えて答えなさい。
自ら［　　　］気持ち。

問五　――部⑤「小さなつぶやき」とは何ですか。本文の中から抜き出して答えなさい。

問六　――部⑥「酔ったまま」とありますが、同じ意味で「酔」という漢字が使われた熟語を次の中から一つ選び、記号で答えなさい。
ア　泥酔　　イ　酔態　　ウ　酔客　　エ　心酔

問七　――部⑦「しまったとぼくは思った」とありますが、この時の「ぼく」の気持ちとして最もふさわしいものを次の中から一つ選び、記号で答えなさい。
ア　太郎を黙らせてしまうのではないかという焦燥。
イ　太郎を怖がらせたかもしれないという懸念。
ウ　太郎を否定する発言をしてしまったという落胆。
エ　太郎を怒らせてしまったのではないかという困惑。

問八　――部⑧「ぼくは鍵がはまってカチンと音をたてるのを聞いたような気がした」とありますが、どういうことですか。説明として最も型をした彼の頭のなかでは二十七匹のエビガニが足音をたててひしめいていた。

「お兄ちゃん、二十七匹だぜ。エビガニが二十七匹だぜ！」

彼はぼくから紙をひったくると、うっとりした足どりでアトリエの隅へもどってゆき、床にしゃがみこむと、鼻をすすりながら画を描きだした。彼は一匹描きあげるたびにため息をついて筆をおき、近所の仲間にそのエビガニがほかの一匹とどんなにちがっていたか、どんなに泥穴の底からひっぱりだすとおかしげに跳ねまわったかと雄弁をふるった。

「……なにしろ肩まで泥ンなかにつかったもんなあ」

彼はそういって、まだ爪にのこっている川泥を鉛筆のさきでせせりだしてみせた。仲間はおもしろがって三人、五人と彼のまわりに集まり、口ぐちに自分の意見や経験をしゃべった。アトリエの隅はだんだん黒山だかりに子供が集まり、騒ぎが大きくなった。

すると、それまでひとりぼっちで絵筆をなぶっていた太郎がひょいとたちあがったのである。みていると彼はすたすた仲間のところへ近づき、人だかりのうしろから背のびしてエビガニの画をのぞきこんだ。しばらくそうやって彼は画をみていたが、やがて興味を失ったらしく、いつもの遠慮深げな足どりで自分の場所へもどっていった。ぼくはそばをとおりながらなにげなく彼のつぶやくのが耳に入った。

「スルメで釣ればいいのに……」

ぼくは小さな鍵を感じて、子供のために練っていたグワッシュの瓶をおいた。ぼくは太郎のところへゆき、いっしょにあぐらをかいて床にすわった。

「ねえ。エビガニはスルメで釣れるって、ほんとかい？」

ぼくは単刀直入にきりこんだ。ふいに話しかけられたので太郎はおびえたように体を起した。ぼくはタバコに火をつけて、一息吸った。

「ぼくはドバミミズで釣ったことがあるけれど、スルメでエビガニというのは聞きはじめだよ」

ぼくが笑うと太郎は安心したように肩をおとし、筆の穂で画用紙を軽くたたきながらしばらく考えこんでいたが、やがて顔をあげると、キッパリした口調で、

「スルメだよ。ミミズもいいけれど、スルメなら一本で何匹も釣れる」

「へえ。いちいちとりかえなくっていいんだね？」

「うん」

「妙だなあ」

ぼくはタバコを口からはなした。

「だって君、スルメはイカだろう。イカは海の魚だね。すると、つまり、川の魚が海の魚を食うんだね？………」

いってから、⑦しまったとぼくは思った。この理屈はにがい潮だ。貝は蓋《ふた》を閉じてしまう。やりなおしだと思って体を起しかけると、それよりさきに太郎がいった。

「エビガニはね」

彼はせきこんで早口にいった。

「エビガニはね、スルメの匂いが好きなんだよ。だって、ぼく、もうせんに田舎ではそうやってたんだもの」

太郎の明るい薄茶色の瞳には、はっきりそれとわかる抗議の表情があった。⑧ぼくは鍵がはまってカチンと音をたてるのを聞いたような気がした。

（開高健「裸の王様」より）

ていった。この子は幼稚園でぬり画ばかりやっていたので、太郎とおなじように①自分で描くことを知らない、憂鬱《ゆううつ》なチューリップ派だった。ぼくは地面にビニール布をひろげ、あらかじめ絵具や紙や筆を用意してから、彼といっしょにブランコにのった。はじめのうち、彼はすくんでおびえていたが、何度ものったりおりたりしているうちに興奮しはじめ、ついに振動の絶頂で口走ったのだ。

「お父ちゃん、空がおちてくる！」

②彼を救ったものはその叫《さけ》びだった。一時間ほど遊んでから彼は画を描いた。肉体の記憶が古びないうちに描かれた画は鋳型《いがた》を破壊してはげしいうごきにみちていた。

綱ひきや相撲が③功を奏したこともあるが、肉体に訴えるばかりが手段ではない。子供は思いもよらない脱出法を考えだすものだ。「トシオノバカ、トシオノバカ」と抑圧者の名をぼくの許すまま壁いっぱい書きちらしてからやっと画筆をとるきっかけをつくった少女もあった。もうすこし年齢の高い子は自分をいじめるタヌキの画をまっ赤にぬりつぶして息をついた。タヌキは彼の兄のあだ名であった。

太郎の場合に困らされたのはぼくが彼の生活の細部をまったくといっていいほど知らないことだった。鋳鉄製《ちゅうてつせい》の唐草模様《からくさもよう》の柵でかこまれた美しい邸《やしき》のなかで彼がどういうふうに暮らしているのか、そこでなにが起っているのか、ぼくには見当のつけようがなかった。ピアノ教師や家庭教師をつけて大田夫人が彼に訓練を強制し、また、作法についてもかなりきびしく彼を支配しているらしい事実はわかっても、太郎自身がどんな感情でそれを受けとっているのか、内心その機制を覗きこむ資料をぼくはなにひとつとしてあたえられていなかった。彼はほとんど無口で感情を顔にださず、ほかの子供のようにイメージを行動に短絡することがないのである。フィンガー・ペイントがしりぞけられたので、ぼくはつぎに彼を仲間といっしょにぼくのまわりにすわらせて童話を話して聞かせたが、その結果、聡明な理解の表情は浮かんでも、④彼の内部で発火するものはなにもないようだった。話がおわると子供たちは絵具と紙をもってアトリエのあちらこちらにちらばり、太郎はひとりとりのこされた。ブランコにのせることもやってみたが、失敗だった。彼はぼくがこぎはじめると必死になってロープにしがみつき、笑いも叫びもしなかった。おろしてやると、この優等生の小さな手はぐっしょり汗ばんで、蛙の腹のようにつめたかった。ぼくは自分の不明と粗暴《そぼう》を恥じた。彼は恐怖しか感じなかったのだ。これで彼の清潔な皮膚のしたに荒蕪地《こうぶち》があることはありありとわかったが、うっかりすると聞きもらしてしまいそうな、⑤小さなつぶやきを耳にするまでは、ぼくはただその周辺をうろうろ歩きまわるばかりで、まったく手のくだしようがなかった。

二十人ほどの画塾の生徒のなかに、ひとりかわった子がいた。彼には奇妙な癖があり、なにを描いてもきっちり数字を守らねば気がすまなかった。学校から遠足に行くと、何人参加して何人休んだかということをおぼえていて、つぎに画を描くとき、それをそのまま再現するのである。五十三人なら五十三人の子供が山をのぼるところを彼はひとりずつ指折りかぞえて描きこむものだから、この子が遠足を描くんだといいだすと、ぼくは一メートルも二メートルもつぎたした紙を用意してやらねばならない。

ある日、彼は兄といっしょに小川でかいぼりをした。そして、その翌日、⑥酔ったままぼくのところへ紙をもらいにきたのである。おむすびした社会」とは、どのような社会ですか。最もふさわしいものを次の中から一つ選び、記号で答えなさい。

ア　衣食住に関し、物質面で困っている人が少なく、多くの人が幸せに暮らすことができる社会。

イ　たがいが干渉しない独立した精神を持った人が多く、現代人にふさわしい生き方ができる社会。

ウ　様々な国や地域の出身者や文化的背景を持つ人々が暮らし、多様性を受け容れている社会。

エ　他者を気にかけ理解しようという態度を持つ人が多く、多くの人が生きやすい社会。

問四　――部④「癒しの過程」の最初において必要なことは何ですか。本文の中から十九字で抜き出して答えなさい。

問五　本文中、２か所の［Ａ］に入る漢字二字の熟語を考えて答えなさい。

問六　――部⑤「人間の思考形態の進化は、言語と切り離して考えることはできない」とありますが、なぜですか。最もふさわしいものを次の中から一つ選び、記号で答えなさい。

ア　言語が発達することで、脳の働きは活性化するとされているから。

イ　言葉によって自己感覚が磨かれ、人間は理性的になるものだから。

ウ　思考したことを実際のかたちにするためには言葉が必要だから。

エ　自国語を深く学ぶことにより、理性も知性も鍛えられるから。

問七　――部⑥「その彼方に視線をおいたとき」とありますが、そのとき、私たちはどのようなことができるようになりますか。本文の中から十九字で抜き出して答えなさい。

問八　――部⑦「科学は論理的であるという理由で、強い権力をあたえられている」とありますが、どういうことですか。最もふさわしいものを次の中から一つ選び、記号で答えなさい。

ア　人間は科学の合理的な説明が現象の真理を明らかにしていると思っているということ。

イ　人間にとって論理のような知性は、感性を超えた存在だと信じられているということ。

ウ　人間が現象を認識する力は、科学的真理の説得力の前に無力な存在であるということ。

エ　人間の認知能力には、合理的説明力を持つ科学の論理を超えられない限界があるということ。

問九　――部⑧「人間を成熟の方向へと導いてくれる」とありますが、人間が成熟するとはどのようなことですか。「理性」「思いやり」という言葉を使って四十字程度で説明しなさい。

［三］　次の文章を読んで、後の問いに答えなさい。

大田夫人は、息子の太郎が、人形やチューリップばかり登場する同じような画《え》しか描かないことを気に病み、「ぼく」が営む画塾《がじゅく》に連れてきた。太郎は画塾で何日経っても画を描こうとしない。

まるで画を描こうとしない子供のこわばりをぼくはいままで何度かときほぐしたことがある。ぼくはある少年を仲間といっしょに公園につれいくものかもしれない。神経回路の形成は、環境にも影響される。私たちは、先天的、後天的にこのような脳の構造をもっているのであるから、進化の流れに逆行して、理性を否定することはむずかしいし、それは望ましいことではないはずである。

理性を否定するのではなく、理性に必要以上に縛られることなく、情動を解き放ってやることを「理性を超える」と私は表現したい。過度の理性の束縛から解放される方向が意識の進化の方向のように思えるのである。

科学を尊重しつつ、科学に振り回されるのではなく、⑥その彼方に視線をおいたときに、私たちは理性によって、また科学的思考によって失った何かを見つけるはずである。科学の思考はすべてを分析し、尺度で測り、判断しようとする。そのような思考によっては、苦しむ人と心を通わすことはできない。そのような思考を [A] したときにはじめて、あるがままの苦悩する人を受け容れることができるであろう。

⑦科学は論理的であるという理由で、強い権力をあたえられている。けれども、その論理は、私たち人間の認識能力の限界内での論理である。また、科学は、分析可能なことだけを明らかにする学問である。科学が明らかにしたことにのみ目を向けると、私たちはすべてを知ったかのような錯覚に陥る。

これからも、科学はより多くの現象を、人間の認識能力の限界内で合理的に説明していくであろう。私たちに認識可能なことは、すべて科学で説明できるときがくるであろう、と私は思っている。

しかし、それには長い時間が必要であろう。現段階では、科学はそこに至っていない。未熟な知識は、私たちを傲慢《ごうまん》にし、ものごとの本性を見失わせる可能性をもつ。

理性の束縛によって歪められていない自己をとりもどしたとき、私たちはもっと心豊かに、想像力に満ち、思いやりをもって生きることができるのではなかろうか。生きることそのものを芸術的に創造することができると私は信じている。

しかし、私たちが生きていくうえで、理性による思考もたいせつな場合がある。しなやかにこの二つの思考法を調和させることができるということが、⑧人間を成熟の方向へと導いてくれるように思われる。

（柳澤桂子『安らぎの生命科学』より）

問一 ――部①「立ち直るためのエネルギーが喚起される」とありますが、このようなエネルギー喚起を本文の中では何といっていますか。二字の言葉で抜き出して答えなさい。

問二 ――部②「生きることは苦しいことである」とありますが、どういうことですか。最もふさわしいものを次の中から一つ選び、記号で答えなさい。

ア 不幸な目にまったく遭《あ》わない幸福だけに満ちた人生はないということ。

イ あらゆる生物は生存のために戦わなくてはならないということ。

ウ 生きるとは「老」と「死」に向かって進んでいくに等しいということ。

エ 人は楽をしている自分より苦労している自分を肯定したいということ。

問三 ――部③「社会的な苦しみを味わっている人が少ない社会はより成熟した社会ということができよう」とありますが、ここでの「成熟よいのではなかろうか。

　すべての人間は死ぬ。早すぎる死は、燃焼しきれない生の苦しみをもたらす。そのような苦しみをまぬがれた人には、老いの苦しみが準備されている。自分の能力が次第に失われ、社会から取り残されていくことは辛いことである。脳の老化にともない、若いときのようには苦しみや孤独に耐えられなくなってくる。

　程度の差こそあれ、②生きることは苦しいことである。ほとんどすべての人が、人生のどこかで苦しみに出会う。他の人の苦しみを感じ取る感性を持つことができさえすれば、苦しむ人と交わり、その人を癒し、自分自身を高める機会は身の回りに満ちているはずである。

　また、痛みがあるとか経済的に困っているとか、具体的な援助を必要とする人以外に、ただ、周囲の人がその人のありのままを受け容れてくれさえすれば、ずっと生きやすくなる人も多い。③社会的な苦しみを味わっている人が少ない社会はより成熟した社会ということができよう。

　車椅子生活者などの、視覚的にあきらかな障害をもっている人々に対する社会の眼差しは変化しつつある。社会環境の整備も徐々にではあるが進められる方向にある。しかし、精神的な障害をはじめとする目に見えにくいハンディキャップを背負う人々への対応は非常に遅れている。そのような人々の苦しみがどのようなものか、またそれにどのように対すればよいかという議論さえあまりされていない。

　これらの問題は、設備を改造する費用がかかるわけでもないし、人々の心のもち方の問題でもあるので、ある意味では簡単な問題である。しかし、社会のすべての人々の心のもち方を変えるにはどうすればよいかという方法を知らない私たちにとっては、お金で解決できる問題よりも難問といえよう。いろいろな形で人々に働きかけることは重要であるし、助けを必要としている人々からの発言が大きな力をもつのではなかろうか。

　このように④癒しの過程を考えてみると、それは、自分とか他人とか、癒す人であるとか癒される人であるという尺度を捨てることであるように思える。もっと正しくは、「捨てる」というよりは「［A］する」ことであると私は考えている。

　理性におさえられた私たちの感情を解き放つとき、そこには大きなエネルギーがあふれてくる。それは、理性を否定することではなく、理性を超えることである。この理性の中には、医学その他の科学的な思考もふくまれる。

　人類の歴史の初期には、自己感覚が現在ほど研ぎすまされていなかった時代があったであろう。木にも花にも石にも魂の存在を信じ、人間もそれらの魂と心を通わせていた時代には、人々は現在よりももっと自然に融け込んで生きていたはずである。

　言語の発達とともに、主体と客体の区別ははっきりとしてくる。⑤人間の思考形態の進化は、言語と切り離して考えることはできない。このようにして、合理的思考は、次第に人間の情動を抑制する力を獲得していったと思われる。

　情動は、大脳辺縁系でつかさどられており、人間では、その上におおいかぶさるように大脳新皮質が発達している。大脳辺縁系と大脳新皮質の間には、密接な神経の連絡がある。

　大脳新皮質は、理性の脳ともいえる部分であるが、このような脳のマクロな構造ばかりでなく、神経回路も生物学的な年代とともに変化して

【国語】（五〇分）〈満点：一〇〇点〉

一 次の問いに答えなさい。

問一 次の――部の読みをひらがなで書きなさい。

① 判断を委ねる。
② 彼の傍らには子どもがいた。
③ 概ね了解しました。
④ 含蓄のある言葉だ。
⑤ 本を返却する。

問二 次の――部のカタカナを漢字に直しなさい。

① 言動をツツシみなさい。
② 合理化をハカる。
③ 間違いをシテキされた。
④ 事件のケイカを説明する。
⑤ 私のドクダンで決めたことです。

問三 次の文の空欄に入る語をそれぞれ後から選び、記号で答えなさい。

① 一つの考えだけに【　　】していると、新しいものは生まれてこない。

ア 示談　イ 拘束　ウ 固執　エ 順応

② もう一度最初から考え直してみるほうが【　　】です。

ア 優良　イ 効能　ウ 斬新　エ 賢明

③ 話し合って決着をつけなければ、のちに【　　】を残すことになる。

ア 呵責　イ 嫌悪　ウ 禍根　エ 苦渋

二 次の文章を読んで後の問いに答えなさい。

人間というものは、健康な状態が乱されても、もとにもどる力をもっている。ホメオスターシス（恒常《こうじょう》性）と呼ばれるこの現象は、生命現象をふくめた熱力学的非平衡《へいこう》系にのみ見られるものである。本来、起きあがりこぼしのようにもとにもどる力をもっているものに、その力を取りもどさせることが癒《いや》しである。外から手を添えて起きあがらせたものは、その手を引っ込めればまた倒れてしまう。

おたがいに評価しあい、おたがいに心から尊敬しあえる相手に出会えただけで、苦しむ人の心の中には、①立ち直るためのエネルギーが喚起される。そのエネルギーはまた相手にエネルギーを触発する、という循環が起こりはじめる。

このようにおたがいに精神的に感応しあい、その度合いを深めていく機構の生命科学的な基礎はほとんどわかっていない。しかし、生物は環境からの情報を受け入れて、それに合わせていく能力をもっている。

日周期にあわせて体内時計を光のリズムに同調させたり、陽気な音楽にあわせて人々が踊っていると、それに引きずり込まれたりする。人と人との好ましい接触には、エンドルフィンなどの脳内麻薬物質が関与していることを推測させるような実験データも得られている。いずれこのような現象の分子生物学的メカニズムも解明されるであろう。

このように、癒しは一方が他方にあたえるだけのものではなく、おたがいの心の中で育っていくものである。したがって援助を必要としている人に接することによって、人間は成長する可能性がある。癒しを必要としている人に出会えることは幸せなことである。そして、私たちのまわりにいるほとんどすべての人が何らかの癒しを求めているといっても

2022年度

解　答　と　解　説

《2022年度の配点は解答欄に掲載してあります。》

＜数学解答＞

1　(1)　2.28　　(2)　$-\frac{7}{25}$　　(3)　$12+2\sqrt{6}$　　(4)　$-27x^3y^3$　　(5)　$\frac{7x+10y}{4}$

2　(1)　$(x+y+4)(x+y-4)$　　(2)　$x=\frac{5}{2}$，$y=-8$　　(3)　$x=1$，6

(4)　$a=0$，$x=-\sqrt{2}$　　(5)　6個　　(6)　$\angle x=92^\circ$　　(7)　$\frac{32}{3}\text{cm}^3$

(8)　①　$\frac{1}{6}$　　②　$\frac{1}{9}$　　③　$\frac{1}{3}$

3　(1)　$a=\frac{1}{2}$　　(2)　$y=-x+4$　　(3)　64　　(4)　$y=x-4$　　(5)　D$(-1,\ -5)$

4　(1)　45°　　(2)　4　　(3)　$4+4\sqrt{2}$　　(4)　$2\sqrt{2}$　　(5)　$4+8\sqrt{2}$

○配点○

各4点×25　　　計100点

＜数学解説＞

基本　**1**　(数・式の計算，平方根の計算)

(1)　$(2.4-1.1\times0.8)\times1.5=(2.4-0.88)\times1.5=1.52\times1.5=2.28$

(2)　$0.81\div\left(\frac{3}{2}\right)^2-0.1\times\frac{32}{5}=\frac{81}{100}\times\frac{4}{9}-\frac{1}{10}\times\frac{32}{5}=\frac{9}{25}-\frac{16}{25}=-\frac{7}{25}$

(3)　$(\sqrt{12}+\sqrt{8})(4\sqrt{3}-3\sqrt{2})=(2\sqrt{3}+2\sqrt{2})(4\sqrt{3}-3\sqrt{2})=2\sqrt{3}\times4\sqrt{3}-2\sqrt{3}\times3\sqrt{2}+2\sqrt{2}\times4\sqrt{3}-2\sqrt{2}\times3\sqrt{2}=24-6\sqrt{6}+8\sqrt{6}-12=12+2\sqrt{6}$

(4)　$6x^2\times(-3xy^2)^2\div(-2xy)=6x^2\times9x^2y^4\times\left(-\frac{1}{2xy}\right)=-27x^3y^3$

(5)　$\frac{2x+y+z}{2}-\frac{3x-6y+2z}{4}+\frac{3x+y}{2}=\frac{2(2x+y+z)-(3x-6y+2z)+2(3x+y)}{4}=\frac{4x+2y+2z-3x+6y-2z+6x+2y}{4}=\frac{7x+10y}{4}$

2　(因数分解，連立方程式，2次方程式，平方根の大小，角度，体積，確率)

(1)　$x^2+2xy+y^2-16=(x+y)^2-4^2=(x+y+4)(x+y-4)$

(2)　$4x+3y=-14$…①　　$\frac{1}{5}x-\frac{1}{4}y=\frac{5}{2}$　　両辺を20倍して，$4x-5y=50$…②　　①－②から，$8y=-64$　　$y=-8$　　これを①に代入して，$4x+3\times(-8)=-14$　　$4x=-14+24=10$　　$x=\frac{10}{4}=\frac{5}{2}$

(3)　$(x+4)(x+3)=2(x^2+9)$　　$x^2+7x+12=2x^2+18$　　$x^2-7x+6=0$　　$(x-1)(x-6)=0$　　$x=1$，6

(4)　$x^2+ax-2=0$…①　　①に$x=\sqrt{2}$を代入して，$2+\sqrt{2}a-2=0$　　$\sqrt{2}a=0$　　$a=0$　　これ

を①に代入して，$x^2-2=0$　$x^2=2$　$x=\pm\sqrt{2}$　よって，他の解は，$x=-\sqrt{2}$

(5)　$2\leqq\sqrt{n}\leqq3.1$　2乗して，$4\leqq n\leqq9.61$　よって，自然数nは，4，5，6，7，8，9の6個

(6)　各点を右の図のように定める。

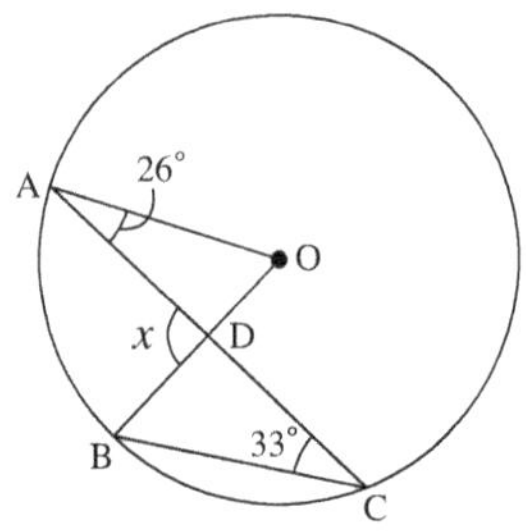

円周角の定理から，∠AOB＝2∠ACB＝2×33°＝66°　△AODにおいて，内角と外角の関係から，$\angle x=26°+66°=92°$

基本　(7)　三角錐A－BCFの体積は，$\frac{1}{3}\times\frac{1}{2}\times4\times4\times4=\frac{32}{3}$(cm^3)

(8)　①　大小2つのさいころの目の出方は，6×6＝36(通り)　そのうち，$a=b$となる場合は，$(a,\ b)$＝(1，1)，(2，2)，(3，3)，(4，4)，(5，5)，(6，6)の6通り　よって，求める確率は，$\frac{6}{36}=\frac{1}{6}$

②　$a\times b=12$となる場合は，$(a,\ b)$＝(2，6)，(3，4)，(4，3)，(6，2)の4通り　よって，求める確率は，$\frac{4}{36}=\frac{1}{9}$

③　$2a+b\leqq8$となる場合は，$(a,\ b)$＝(1，1)，(1，2)，(1，3)，(1，4)，(1，5)，(1，6)，(2，1)，(2，2)，(2，3)，(2，4)，(3，1)，(3，2)の12通り　よって，求める確率は，$\frac{12}{36}=\frac{1}{3}$

3　(図形と関数・グラフの融合問題)

基本　(1)　$y=ax^2$に点Aの座標を代入して，$8=a\times(-4)^2$　$16a=8$　$a=\frac{8}{16}=\frac{1}{2}$

(2)　直線ℓの傾きは，$\frac{0-8}{4-(-4)}=\frac{-8}{8}=-1$　直線ℓの方程式を$y=-x+b$として点Bの座標を代入すると，$0=-4+b$　$b=4$　よって，直線ℓの方程式は，$y=-x+4$

(3)　点Cの座標は，C(－4，－8)　AC＝8－(－8)＝16　△ABCのACを底辺としたときの高さは，4－(－4)＝8　よって，$\triangle ABC=\frac{1}{2}\times16\times8=64$

(4)　直線BCの傾きは，$\frac{0-(-8)}{4-(-4)}=\frac{8}{8}=1$　直線BCの方程式を$y=x+c$として点Bの座標を代入すると，$0=4+c$　$c=-4$　よって，直線BCの方程式は，$y=x-4$

重要　(5)　BC：BD＝△ABC：△ABD＝8：5　よって，点Dのx座標は，$4-\{4-(-4)\}\times\frac{5}{8}=4-8\times\frac{5}{8}=4-5=-1$　これを(4)で求めた式に代入すると，$y=-1-4=-5$　よって，D(－1，－5)

4　(平面図形の計量問題―角度，円の性質，面積)

基本　(1)　AD//BCから同位角は等しいので，∠DAO＝∠COE＝45°　△OADは二等辺三角形なので，∠ODA＝∠DAO＝45°　△DOHにおいて，∠DOH＝180°－90°－45°＝45°

(2)　(1)と同様にして，∠AOH＝45°　よって，∠DOA＝45°＋45°＝90°　△DOAは直角二等辺三角形なので，$AD=\sqrt{2}AO=\sqrt{2}\times2\sqrt{2}=4$

(3)　△HAOも直角二等辺三角形なので，$OH=\frac{AO}{\sqrt{2}}=\frac{2\sqrt{2}}{\sqrt{2}}=2$　よって，台形ABCDの面積は，$\frac{1}{2}\times(AD+BC)\times OH=\frac{1}{2}\times(4+2\sqrt{2}\times2)\times2=4+4\sqrt{2}$

(4)　点BからAEへ下ろした垂線をBIとすると，∠BOI＝∠COE＝45°より，△OBIは直角二等辺三角形になるから，$BI=\frac{OB}{\sqrt{2}}=\frac{2\sqrt{2}}{\sqrt{2}}=2$　したがって，$\triangle OBE=\frac{1}{2}\times OE\times BI=\frac{1}{2}\times2\sqrt{2}\times2=2\sqrt{2}$

(5)　$\triangle CBE=2\triangle OBE=2\sqrt{2}\times2=4\sqrt{2}$　よって，五角形ABECDの面積は，(台形ABCD)＋

△CBE＝4＋4$\sqrt{2}$＋4$\sqrt{2}$＝4＋8$\sqrt{2}$

★ワンポイントアドバイス★

4 (5)で，△CBEは，CBを底辺とすると△OBEと高さが等しくなるので，CB＝2OB より，面積は△OBEの2倍になる。

＜英語解答＞

Ⅰ　問1　A　given　　B　170,000　　C　50,000　　D　find
　問2　I like to go shopping with my friend.

Ⅱ　1　エ　　2　イ　　3　エ　　4　ウ　　5　ア　　6　ウ

Ⅲ　1　likes to　　2　made　　3　Both　　4　It, to　　5　the biggest　　6　too, to

Ⅳ　1　left　　2　world　　3　hours　　4　since　　5　better

Ⅴ　1　history　　2「ハロー」という言葉を使った最初のアメリカ人　　3　(a)　イ　(b)　ア　　(c)　ウ　　(d)　ウ　　(e)　エ　　4　①　use　　②　French　③　talking　　④　word　　⑤　since

Ⅵ　1　Can a dog speak like us?　　2　English　　3　We smile.　　4　イルカが人間の言葉を一部理解しているかもしれないということ。　　5　①　ニホンザル　　②　鳴き声　③　顔(や)手　　6　イ，オ，キ

○配点○

Ⅰ　各2点×5　　Ⅱ　各2点×6　　Ⅲ　各3点×6　　Ⅳ　各2点×5　　Ⅴ　1，2　各3点×2　他　各2点×10　　Ⅵ　1，4　各3点×2　　他　各2点×9　　　計100点

＜英語解説＞

Ⅰ　(リスニングテスト)

問1　A Science in the news

A recent study has (A : given) strong evidence that all humans have a common African ancestor. The study says a common ancestor first appeared in Africa about (B : 170,000) years ago. The study also says that humans left Africa to live in other parts of the world about (C : 50,000) years ago. The study was done at Uppsala University in Sweden. Researchers looked at the DNA of 53 people from all over the world. The chief researcher of the study said looking at the DNA of each person helped researchers to (D : find) their genetic ancestry.

問1　(全訳)「科学ニュース」　ある最近の研究は，全人類が共通のアフリカ人の祖先を持つということの強力な証拠を(A)提示している。その研究によると，共通する祖先はおよそ(B)170,000年前にアフリカに出現した。また，その研究によると，人類は世界の他の地域で暮らすためにおよそ(C)50,000年前にアフリカから出て行った。その研究はスウェーデンのウプサラ大学で行われた。研究員たちは世界中の53人のDNAを調べた。その研究の主任研究員は，それぞれの人のDNAを調べることは研究員が彼らの遺伝的祖先(D)を見つけるのに役立つ，と言う。

問2　Hi, everyone.　I'm Mei.　I have lived in Japan for three months.　I like traditional

Japanese sports. I practice kendo with my friends on Sundays. What do you like to do with your friends?

やや難 問2 （全訳） みなさん，こんにちは。私はメイです。私は日本に3か月間住んでいます。私は日本の伝統的なスポーツが好きです。私は毎週日曜日に友人たちと剣道の練習をします。あなたは友人たちと何をするのが好きですか。

基本 Ⅱ （語句補充・選択：不定詞，付加疑問，動名詞，受動態，熟語，分詞）

1 「私は彼女にそこへ一緒に行ってくれるよう頼んだ」〈ask ＋人＋ to ＋動詞の原形〉「(人)に～するよう頼む」

2 「私に温かい飲み物をください」「飲み物」は something to drink と表し，「温かい飲み物」という場合は hot を something の後ろに置き，something hot to drink と表す。

3 「あなたはケンが犬を飼っているのを知っていますね？」 肯定文には否定の付加疑問を付ける。この文の主語は You なので付加疑問は don't you? となる。

4 「まずあなたは辞書を使わずにこの話を読んで概要を理解しなくてはならない」 without ～ing「～せずに」

5 「ポールの父親は優しい医師として知られている」 受動態〈be動詞＋過去分詞〉「～されている」

6 「私の母は，その山の頂上から見られる島々はとても美しいと言う」 形容詞的用法の過去分詞句 seen from the top of the mountain「その山の頂上から見られる」が islands「島々」を後ろから修飾する。

Ⅲ （言い換え・書き換え：動詞，不定詞，分詞，熟語，比較）

1 「トムは音楽を聴くことが好きだ」 be fond of ～ing「～することが好きだ」〈like to ＋動詞の原形〉「～することが好きだ」

2 「ナンシーの父親は車を買うつもりだ。それは日本で作られた」「ナンシーの父親は日本製の車を買うつもりだ」 形容詞的用法の過去分詞句 made in Japan「日本で作られた，日本製の」が car を後ろから修飾する。

3 「ジェーンは忙しい。ヘレンも忙しい」「ジェーンとヘレンの両方が忙しい」 both A and B「AとBの両方とも」

4 「英語を話すことはアキにとって簡単だ」 aは動名詞句 Speaking English「英語を話すこと」が主語の文。bは不定詞の形式主語構文〈It is … for ＋人＋ to ＋動詞の原形〉「(人)にとって～することは…だ」。

5 「私は今までにそんなに大きいリンゴを食べたことがない」「これは私が今までに食べた最も大きいリンゴだ」〈the ＋最上級＋名詞＋ that I have ever ＋過去分詞〉「私が今までに～した最も…な(名詞)〉

6 「彼はとても疲れていたので走れなかった」「彼は疲れすぎて走れなかった」〈too … to ＋動詞の原形〉「…すぎて～できない」

Ⅳ （語句補充：語彙，前置詞，熟語）

1 「日本では道路の左側を走行しなくてはならない」 left「左」

2 「世界には150以上の国がある」 world「世界」

3 「1年は12か月あり，1日は24時間ある」 hour「時間」

4 「私は彼を3年前に見た。その時以来，私は彼について何も聞いていない」 since ～「～以来」

5 「夏と冬ではあなたはどちらのほうが好きですか」 Which do you like better, A or B?「AとBではどちらのほうが好きですか」

Ⅴ （長文読解・歴史：語句解釈，英文和訳，不定詞，語句補充・選択，関係代名詞，接続詞，前置詞，要旨把握，進行形）

（全訳）「ハロー」という言葉は英語で最も頻繁に使われる単語の1つだ。電話に出るとき，最初に聞く言葉が「ハロー」だ。その単語はどこから生じたのか。①たくさんの考えがある。それはフランス語の「オラ」から生じていると言う人もいる。「オラ」は「ねえ，あなたはそこにいるの？」という意味だ。

11世紀にイギリス人たちはお互いに出会った時にこの言葉を使うようになった。そしてその言葉は何度も変化した。19世紀の(c)間は，「ハロウ」という言葉が使われた。②トーマス・エジソンは19世紀に「ハロー」という言葉を使った最初のアメリカ人だと言われている。最初，人々は電話で話し始める時に「あなたはそこにいますか？」と言った。彼らは電話が本当に声を伝えることができる(d)ということがわからなかった。しかしエジソンは誰かがそこにいると知っていたし，普段からあまり話さない男だった。そこで彼は「ハロー」とだけ言った。その時から，わずか100年前だが，「ハロウ」という言葉は「ハロー」になった。

やや難 1 「『ハロー』という言葉の歴史には様々な考えがある」　この文章は hello という語が使われるようになったいきさつを述べたものであるから，history「歴史」が適当。

重要 2 〈the first ＋名詞＋ to ＋動詞の原形〉「～した最初の(名詞)」

3 (a) words を先行詞とする，主格の関係代名詞 which を入れる。 (b)・(d) この that は「～ということ」という名詞節を作る接続詞。 (c) during ～「～の間」 (e) man を先行詞とする，主格の関係代名詞 who を入れる。

重要 4 （全訳）「ハロー」という言葉は人々が最もよく①使う英単語の1つだ。11世紀にイギリス人たちはお互いに会った時に②フランス語の「オラ」を使い始めた。そして19世紀に人々は「ハロウ」と言った。／人が電話で話す時，最初は「あなたはそこにいますか？」と言った。彼らは誰かがそこで実際に③話しているということがわからなかった。しかしエジソンはそのことを知っていたし，彼はたいてい一④言だけ，「ハロー」と言った。／人はその時⑤以来，「ハロー」という言葉を使っている。 ① which people use most often「人々が最もよく使う」が word を後ろから修飾する。 ② French「フランス語の」 ③ 空所の2つ前の語に was があることから，過去進行形にする。 ④ 本文の空所(e)の後ろの didn't talk much「あまり話さなかった」を spoke only one word「一言だけ話した」と書き換える。 ⑤ since then「その時以来ずっと」

Ⅵ （長文読解・論説文：語句解釈，語句補充，文補充，内容吟味，要旨把握，内容一致）

（全訳） ある日，幼い少年が自分の犬を見て，母親に言った。「僕たちの犬はいつも吠えるよ。犬も僕たちのように話すことができるの？」 母親はその質問に答えられなかった。あなたは(A)この少年の質問にどう答えるか。

私たちはお互いに話すのに言語を使う。日本にいる時，私たちは同じ言語を使ってお互いに話し，お互いを理解しようとする。英国では人と話すのに(B)英語を使おうとする。しかし犬はどうだろうか。あなたは犬が日本語や英語を話せると思いますか。あなたは，犬は言語を話せないからお互いに話すことができないと思いますか。

彼らはお互いに話す，もしくはコミュニケーションをすることができる。私たちは彼らの言語が何であるかわからない。それでは彼らはどのようにコミュニケーションするのか。彼らは吠えるか鳴くのだ。多くの動物がお互いにコミュニケーションするために鳴く。私たちには彼らが何を言おうとしているのか理解できないし，小さい動物が鳴いても聞こえないこともあるが，彼らはお互いにコミュニケーションをしているのだ。

様々な種類の鳴き方を持つ動物もいる。ニホンザルはおよそ40種類の方法で鳴くことができる。イルカは私たちと同じように速い速度で話すことができる。しかも彼らは私たちの言語の一部を理解しているかもしれない。そこでイルカとコミュニケーションをとる方法を研究している人もいる。

私たちには様々な種類の言語がある。私たちは顔や手をコミュニケーションするために使う。これはボディ・ランゲージ(身振り手振り)と呼ばれる。例えば，私たちはうれしいとそれを顔に表す。どうやってそうするか。C私たちは微笑む。それによって人は私たちがうれしいのだとわかる。犬はどうだろうか。そう，犬にとってコミュニケーションするためにしっぽを使うことがとても大事なのだ。犬はふつう，うれしいとしっぽを振る。それが犬のボディ・ランゲージだ。

人はお互いに話し言葉や書き言葉，そしてボディ・ランゲージを使って，お互いにコミュニケーションをとることができる。読んだ通り，犬はお互いにコミュニケーションするために吠えたりボディ・ランゲージを使ったりする。あなたは，これらの言語を通じて人と動物がコミュニケーションをとることができると思いますか。もしできたら，私たちは動物を新しい見方で見ることができるかもしれない。

重要 1　第1段落の少年の言葉から Can a dog speak like us? を抜き出す。

2　ここでは人間の話す言語について述べている。UK「英国」では English「英語」を話す。

重要 3　空所Cの直前の2文参照。文脈から空所Cには「うれしい時にそれを顔に表す方法」が入ると考えられるので，We smile.「私たちは微笑む」が適切。

4　第4段落第4文参照。主語の they は Dolphins「イルカたち」を指し，our language「私たちの言語」とは「人間の言葉」の意味である。

重要 5　①・②　第4段落第2文参照。　③　第5段落第2文参照。

6　ア「これは，母親の質問に答えられた幼い少年についての話だ」(×)　イ「人々は話し言葉や書き言葉によってコミュニケーションをとることができる」(○)　ウ「犬は人間と話すための言語を持っている」(×)　エ「動物が鳴くと，私たちはいつもそれが聞こえる」(×)　オ「人間と犬はコミュニケーションするためにボディ・ランゲージを使う」(○)　カ「人と犬はお互いにコミュニケーションするために同じボディ・ランゲージを使う」(×)　キ「人はいまだに動物と上手にコミュニケーションをとることができない」(○)

★ワンポイントアドバイス★

Ⅴ 4は英語の要約文を完成させる問題で，Ⅵ 5は日本語の要約文を完成させる問題である。本校の入試問題では要旨を把握する力が重要視されていると言えよう。

＜国語解答＞

一　問一　①　ゆだ　②　かたわ　③　おおむ　④　がんちく　⑤　へんきゃく
問二　①　慎　②　図　③　指摘　④　経過　⑤　独断
問三　①　ウ　②　エ　③　ウ

二　問一　癒し　問二　ア　問三　エ　問四　他の人の苦しみを感じ取る感性を持つこと
問五　超越　問六　イ　問七　あるがままの苦悩する人を受け容れること　問八　ア
問九　（例）理性を尊重しながらも縛られず，感情を大切にして他に対する思いやりをもって生きること。(42字)

三　問一　ア　　問二　ウ　　問三　イ　　問四　(例)　(自ら)画を描こうとする(気持ち。)
問五　スルメで釣ればいいのに……　　問六　エ　　問七　ア　　問八　イ

四　問一　言い広め　　問二　ア　　問三　(例)　元からいる人同士　　問四　イ
問五　兼好法師

○配点○

一　問一・問二　各1点×10　　問三　各2点×3　　二　問一　3点　　問九　8点
他　各4点×7　　三　問三・問六　各3点×2　　他　各4点×6　　四　問三　4点　　問五　2点
他　各3点×3　　計100点

＜国語解説＞

一　(漢字の読み書き，語句の意味)

問一　①　音読みは「イ」で，「委託」「委細」などの熟語がある。　②　音読みは「ボウ」で，「傍聴」「傍若無人」などの熟語がある。　③　音読みは「ガイ」で，「概論」「気概」などの熟語がある。　④　表面にはあらわれない深い意味。「蓄」の訓読みは「たくわ(える)。」　⑤　借りた物を返すこと。「却」を使った熟語は，他に「却下」「忘却」などがある。

問二　①　音読みは「シン」で，「慎重」「謹慎」などの熟語がある。　②　「合理化」に続くのは，見通しを立てるという意味の「図る」。　③　具体的に取り上げて示すこと。「摘」の訓読みは「つ(む)」。　④　時間によって移り変わる物事の様子。「経」の他の音読みは「キョウ」で，「経文」などの熟語がある。　⑤　自分だけの考えで物事を決めること。

問三　①　アは「ジダン」，イは「コウソク」，ウは「コシツ(コシュウ)」，エは「ジュンノウ」と読む。自分の考えや意見をかたくなに守って譲らないという意味の語が入る。　②　賢くて的確な判断が下せるという意味の語が入る。　③　わざわいの起こるもとという意味の語が入る。アは「カシャク」，イは「ケンオ」，ウは「カコン」，エは「クジュウ」と読む。

二　(論説文―大意・要旨，内容吟味，文脈把握，脱文・脱語補充)

問一　「喚起」は「カンキ」と読み，呼び起こすこと。――部①「立ち直るためのエネルギーが喚起される」と同じ内容を述べている部分を探すと，直前の段落で「もどる力をもっているものに，その力を取りもどさせる」とあり，その後で「癒しである」といっている。

問二　直後の文で「ほとんどすべての人が，人生のどこかで苦しみに出会う」と述べており，この内容に合うのはア。イとエは本文では述べていない。直前の段落の「孤独に耐えられなくなってくる」という苦しみは，ウの「『老』と『死』に向かって進んでいく」には含まれない。

問三　――部③「社会的な苦しみを味わっている人」について，直前の文で「周囲の人がその人のありのままを受け容れてくれさえすれば，ずっと生きやすくなる人も多い」と筆者の考えを述べている。この「周囲の人がその人のありのままを受け容れてくれさえすれば」は，エの「他者を気にかけ理解しようという態度を持つ」ことに通じる。――部③の直前の文に「痛みがあるとか経済的に困っているとか，具体的な援助を必要とする人以外に」とあるので，アはふさわしくない。イの「独立した精神」やウの「多様性」について，筆者は言及していない。

問四　直前に「このように」とあるので，これまでの内容に着目する。「癒し」という語に注目すると，冒頭の段落の「もとにもどる力をもっているものに，その力を取りもどさせることが癒し」に気づく。次に，他の人の力を取り戻させる「過程」を述べている部分を探すと，「程度の差」で始まる段落に「他の人の苦しみを感じ取る感性を持つことができさえすれば，苦しむ人と交わり，その人を癒し，自分自身を高める」とある。ここから，「癒しの過程」の最初において必要なことを抜き出す。

問五　一つ目の[A]の直前の文「自分とか他人とか，癒す人であるとか癒される人であるという尺度」は，直後の段落の「理性」にあたる。「『捨てる』というよりは『[A]』すること」を，直後の段落で「否定することではなく，理性を超えること」と言い換えているので，「超える」に相当する熟語を考える。二つ目の[A]に入ることも確認する。

問六　直前の文「言語の発達とともに，主体と客体の区別ははっきりしてくる」から，イの「言葉によって自己感覚が磨かれ」が，直後の文「合理的思考は，次第に人間の情動を抑制する」から，イの「人間は理性的になる」が読み取れる。アの「脳の働きは活性化する」は，――部⑤の理由とはならない。ウ「思考したことを実際の形にするためには言葉が必要」，エの「自国語を学ぶこと」については本文では述べていない。

重要　問七　同じ文の「科学的思考によって失った何かを見つける」の「何か」を具体的に述べている部分を探す。同じ段落で「そのような思考を[A]したときにはじめて，あるがままの苦悩する人を受け容れることができる」と具体的に述べており，ここから適当な十九字の部分を抜き出す。

問八　――部⑦の「科学は論理的であるという理由で，強い権力を与えられている」は，科学は論理的なので，人間は服従せざるを得ないことを喩えている。「科学」と「人間」の関係について説明している直後の段落の「これからも，科学はより多くの現象を，人間の認識能力の限界内で合理的に説明していくであろう」を言い換えているアがふさわしい。エの「人間の認知能力には……科学の論理を超えられない」は，この内容にそぐわない。イの「感性を超えた存在」とは本文では述べていない。ウの「無力な存在」とまでは言っていない。

やや難　問九　同じ文の「二つの思考法を調和させること」とは，具体的にどのようなことかを考える。「二つの思考法」のうちの一つが「理性」で，もう一つが「思いやり」に関するものであると想定して，二つの言葉が含まれている最終段落と「理性の束縛」で始まる段落に着目する。「理性の束縛によって歪められていない自己をとりもどしたとき，私たちはもっと心豊かに，想像力に満ち，思いやりをもって生きることができる」や，最終段落の「理性による思考もたいせつ」などの叙述をふまえて，一文でまとめる。

[三]　**（小説－情景・心情，内容吟味，文脈把握，語句の意味，表現技法）**

基本　問一　「自分で描くことを知らない」子は，直前の文の「画を描こうとしない子供のこわばりをぼくはいままで何度かときほぐした」例として挙げている。このこわばりを「規制」と言い換えているアに着目する。同じ段落の「鋳型を破壊してはげしいうごきにみちていた」画は，アの「興味や熱意のままに」描かれたものである。イの「技法をしっかりと理解」，ウの「ぼくの画風を継承」，エの「年齢に応じた技術」を，「ぼく」は求めているわけではない。

問二　「彼を救った」叫びは，「ぼく」といっしょにブランコに乗っているうちに興奮して叫んだ「お父ちゃん，空が落ちてくる！」である。――部②の一つ後の文「鋳型を破壊してはげしいうごきにみちていた」は，「彼」が何事にもとらわれず自らの感受性に従って画を描いたことを喩えているので，この内容を述べているウが最もふさわしい。アの「孤独な世界」については述べていない。イの「初めて他人と触れ合えた」は，後の「彼」の画の描写につながらない。冒頭の段落に「この子は幼稚園でぬり画ばかりやっていた」とあるので，エの「画を描くという新しい体験」もそぐわない。

問三　――部③の「功を奏する」は，効果を表すという意味。冒頭の「まるで画を描こうとしない子供のこわばりをぼくはいままで何度かときほぐした」経験を述べている部分であることからも，思惑通りに物事が進んだという意味だと判断できる。

問四　冒頭に「まるで画を描こうとしない子供のこわばりをぼくはいままで何度かときほぐした」

とあり，「ぼく」は太郎についても太郎のこわばりをときほぐして画を描かせようとしている。——部④「内部で発火するもの」と言うのであるから，無理矢理描かせるのではなく，太郎が自ら画を描こうとする気持ち。などとまとめる。

問五　「つぶやき」とあるので，太郎の会話に着目する。「すると，それまで」で始まる段落に「彼のつぶやくのが耳に入った。『スルメで釣ればいいのに……』ぼくは小さな鍵を感じて」とある。この「小さな鍵」と，——部⑤の直後の「小さなつぶやきを耳にするまでは，ぼくはただその周辺をうろうろ歩きまわるばかりで，まったく手のくだしようがなかった」という描写が重なることを確認して，太郎のつぶやきをそのまま抜き出す。

基本　問六　——部⑥「酔ったまま」は，前日にかいぼりをして二十七匹のエビガニを釣った興奮から覚めていない様子を表している。心を奪われ夢中になるという意味で使われている熟語を選ぶ。

問七　直後の「この理屈はにがい潮だ。貝は蓋を閉じてしまう。」という比喩表現に着目する。「貝」は太郎を意味しており，太郎が口を閉ざすのではないかと焦る「ぼく」の気持ちが読み取れる。「すると，つまり，川の魚が海の魚を食うんだね？……」という「ぼく」の会話は，イの「太郎を怖がらせた」り，エの「怒らせてしま」うものではない。「ぼく」は，太郎の会話をもとに話しているので，ウの「太郎を否定する」ものでもない。

重要　問八　冒頭に「まるで画を描こうとしない子供のこわばりをぼくはいままで何度かときほぐした」とあるように，「ぼく」は太郎についても太郎のこわばりをときほぐして画を描かせようとしている。「スルメで釣ればいいのに……」という太郎の会話から「小さな鍵」を感じ，その「鍵がはまってカチンと音をたてる」というのであるから，「ぼく」が太郎のこわばりをときほぐす糸口を見つけたと感じていることが読み取れる。アの「成功した」までには到っていない。ウの太郎の警戒心を解くことが目的ではない。小さな鍵を見つけはめたのは「ぼく」なので，エの太郎が「自分から心の扉を開こうとした」は，合わない。

四　**（古文—文脈把握，語句の意味，仮名遣い，口語訳，文学史）**

〈口語訳〉　流行していることで珍しいことを，言い広めて，もてはやすのは，また納得できない(ことである)。世間で流行遅れになるまで知らない人は，奥ゆかしいものだ。

新しく来た人などがある時，仲間内で話慣れている話題や，物の名前など，よく知っている仲間同士が，その一部だけを言い合って，目を見合わせて，笑いなどして，意味のわからない人に何の事を言っているのだろうと思わせることは，世間知らずで，教養のない人が，必ずする事である。

問一　直前の「今様の事どものめづらしきを」どうするのかを考える。言い広め，となる。

問二　「心にくし」は，奥ゆかしい，心ひかれる，という意味。筆者は，「世にことふりたるまで知らぬ人」を好意的に見ているので，イやウは適当ではない。エは「心にくし」の意味に合わない。

やや難　問三　直後の「片端言ひかはし，目見合わせ，笑ひなど」するのは，どのような人同士なのか。同じ文の「いまさらの人」と対照的に言っているので，元からいる人同士，ということになる。

重要　問四　「心得たるどち，片端言ひかはし，目見合はせ，笑ひなどして，」「いまさらの人」にどのように思わせることを，筆者は「世なれず，よからぬ人の，必ずある事」として否定しているのかを考える。「心知らぬ」の「心」は，趣旨や意味という意味で用いられているので，心や気持ちと解釈しているアウエは適切ではない。

基本　問五　『徒然草』の作者は，兼好法師。

★ワンポイントアドバイス★

文学的文章の読解問題では，比喩に注目してみよう。登場人物のどのような様子を喩えているのかを意識することで，心情や情景が読み取りやすくなるはずだ。

MEMO

大切なことはメモしておこうネ！

2021年度

★★★★★★★★★★★★★★★★★★★★★★★

入　試　問　題

2021年度

大妻嵐山高等学校入試問題

【数　学】（50分）　　＜満点：100点＞

1　次の計算をしなさい。

(1)　$(2.6^2 \div 0.4 - 10.5) \times 0.75$

(2)　$0.1 \times \frac{1}{4} \div \left(\frac{1}{5}\right)^2 + 0.6 \div 3$

(3)　$(\sqrt{3} + 2\sqrt{2})(2\sqrt{2} - 2\sqrt{3})$

(4)　$ab \times (-2a^3b^2)^2 \div (-a^2b)^2$

(5)　$\frac{a+b+c}{2} - \frac{b+c+a}{3} + \frac{c+a-b}{4}$

2　次の各問に答えなさい。

(1)　$x^2 + 8x + 16 - 25y^2$ を因数分解しなさい。

(2)　連立方程式 $\begin{cases} 1 - x = \frac{1}{2}y \\ \frac{2}{3}x = 1 - y \end{cases}$ を解きなさい。

(3)　2次方程式 $(x-5)^2 = (2x-1)^2$ を解きなさい。

(4)　2次方程式 $x^2 - 7x + 2a = 0$ の解が2と b のとき，定数 a と b の値をそれぞれ求めなさい。

(5)　294に出来るだけ小さい自然数をかけて，その結果をある整数の平方にしたい。いくつをかければよいか求めなさい。

(6)　次の各問に答えなさい。

①　【図1】において，角の大きさ x を求めなさい。
ただし，Oは円の中心とします。

②　【図2】の正四角錐において，体積を求めなさい。

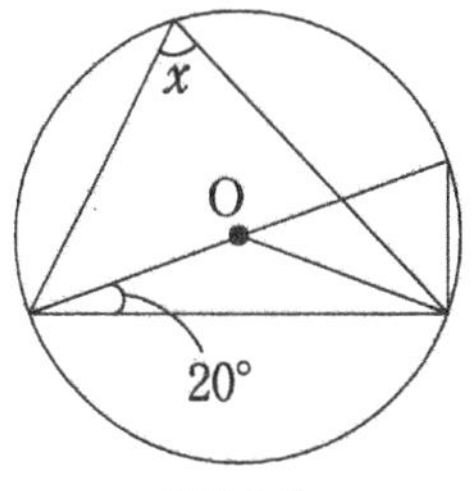

【図1】

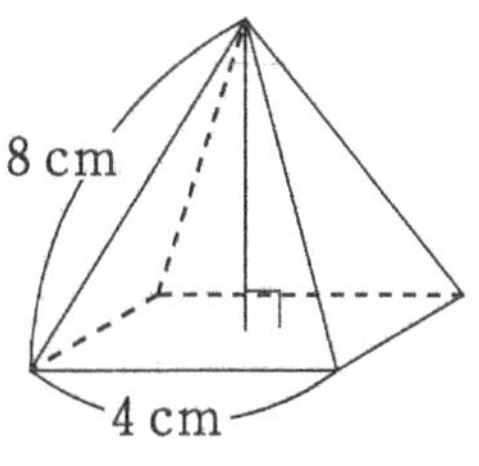

【図2】

(7)　6本中4本が当たりのくじがあります。A君とB君がこの順番にくじを引くとき，次の各問に答えなさい。ただし，引いたくじはもとに戻さないものとします。

①　A君が当たる確率を求めなさい。

②　A君，B君ともに当たる確率を求めなさい。

③　B君だけが当たる確率を求めなさい。

3　右の図のように放物線 $y=2x^2$…①上に x 座標が t の点Pがあり，点Pから x 軸に下した垂線と x 軸との交点をHとします。また，x 軸の上にPH＝AHとなるように，点Aをとり，線分APと①との交点をQとします。
このとき，次の各問に答えなさい。ただし，$t>\frac{1}{2}$ で，点Aの x 座標は負とします。

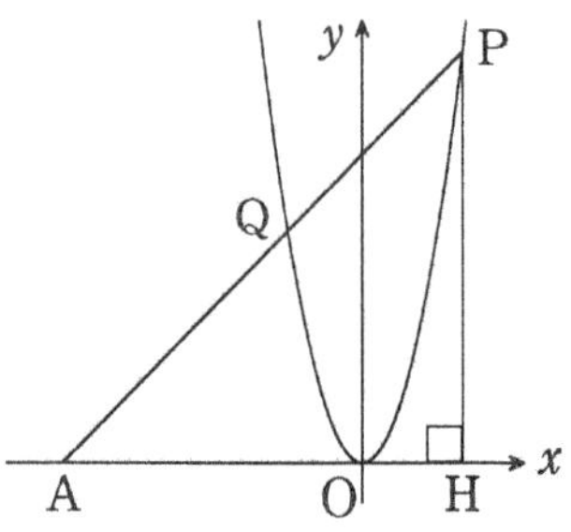

(1)　$t=3$ のとき，点Pの座標を求めなさい。
(2)　$t=1$ のとき，△APHの面積を求めなさい。
(3)　$t=2$ のとき，直線APの式を求めなさい。
(4)　$t=2$ のとき，△PQHの面積を求めなさい。
(5)　△APHの面積が $\frac{81}{8}$ のとき，t の値を求めなさい。

4　右の図のように，線分BCを直径とする円Oの円周上に，3点A，B，Cがあり，AB＝3㎝，BC＝5㎝，AC＝4㎝となる△ABCがあります。
∠Aの二等分線と辺BCの交点をDとし，点Aから辺BCに垂線を下した交点をHとします。
また，点Bを通り線分ADに平行な直線と，直線ACとの交点をEとします。このとき，次の各問に答えなさい。
ただし，点Oは円の中心とします。

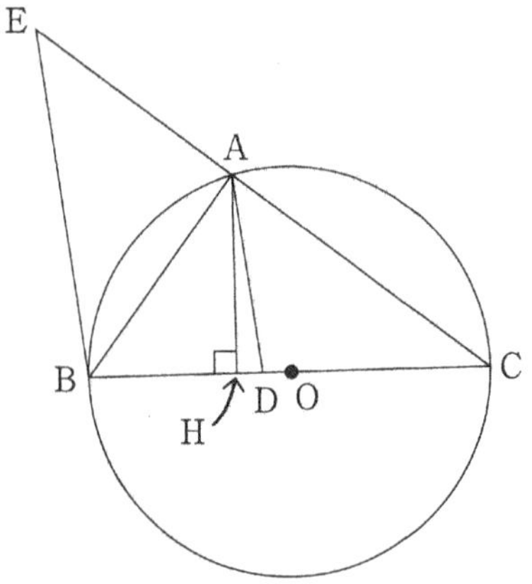

(1)　∠BECの大きさを求めなさい。
(2)　∠ABEの大きさを求めなさい。
(3)　CA：AEの線分の比をもっとも簡単な整数の比で表しなさい。
(4)　線分ADの長さを求めなさい。
(5)　△AHDの面積を求めなさい。

【英　語】（50分）　＜満点：100点＞　　**※リスニングテストの音声は弊社HPにアクセスの上，音声データをダウンロードしてご利用ください。**

Ⅰ　聞き取りテスト

問1　英文を聞いて，次の（１）～（７）の空所に日本語または数字を補いなさい。

部活動	部　員	内　　容
（１）部	33名	時々（２）が来てくれる
科学部	（３）名	文化祭の時（４）を展示する
（５）部	28名	毎年（６）でコンサートを開く
映画部	15名	映画を作る時（７）を使う

問2　放送される英語を聞いて，空所にあてはまる英語を書きなさい。ただし空所に入る英語は1語とは限りません。

I have lived in Japan for six months but I can't speak Japanese well.
Please tell me ＿＿＿＿＿＿＿＿＿＿＿＿＿＿＿＿＿＿＿＿.

Ⅱ　次の1. ～6. の（　）に入る最も適切な語（句）を下のア～エの中からそれぞれ1つずつ選び，記号で答えなさい。

1. Mike always enjoys (　　) the guitar.
　ア playing　イ to play　ウ play　エ he plays
2. This dog is (　　) bigger than that one.
　ア very　イ more　ウ much　エ the
3. She doesn't speak much Spanish.　She only speaks (　　) words.
　ア little　イ a little　ウ few　エ a few
4. Everything (　　) in spring.
　ア grow　イ grows　ウ grown　エ growing
5. Let's start as soon as the rain (　　).
　ア stopped　イ stop　ウ stops　エ will stop
6. You (　　) feel tired after your long walk.
　ア are　イ have to　ウ must　エ had better

Ⅲ　次の１.～６.のａ.とｂ.の文がほぼ同じ意味をあらわすように，それぞれの（　）に入る最も適切な英語1語を答えなさい。

1. a. We had so much rain last summer.
　b. It (　　) a (　　) last summer.
2. a. That book is not as easy as this one.
　b. This book is (　　) (　　) that one.
3. a. How often do you practice judo at school in a week?
　b. (　　) (　　) (　　) a week do you practice judo at school?

4. a．We can be happy by working hard.
   b．Working hard (　　　) us happy.
5. a．She was too shocked to speak.
   b．She was so shocked that (　　　) (　　　) speak.
6. a．There is a beautiful park in my town.
   b．My town (　　　) a beautiful park.

Ⅳ 次の1．～5．の文の（ ）に入る最も適切な語を1語ずつ書きなさい。ただし，指定した文字で始めること。

1. (S　　　) is to rest your mind and body, usually at night when you are lying in bed with your eyes closed.
2. (R　　　) is a part of the building that is separated from other parts by walls, floor and ceiling.
3. (L　　　) is a meal that you eat in the middle of the day.
4. (K　　　) is the joint between the top and bottom parts of the leg where it bends in the middle.
5. (A　　　) is to say something to someone when they have asked you a question.

Ⅴ 次の英文を読んで，あとの問に答えなさい。

Most people use salt every day. We use it to make our food taste better. We think little or nothing of it. We *take it for granted. It is there, and so we use it. We have ①(forget) that there was a time when salt was not common. At that time only rich people were able to get salt. In those days salt was hard to get. So that's why it was used as money. Ancient Roman workers were paid with salt. That is why we still have the expression "not worth one's salt," meaning that one is lazy, *incompetent, or a good-for-nothing. The English word "salary" comes from the Latin word "salarium." ②It means "salt money."

ア In ancient China, 【 as / almost / salt / was / valuable / as 】 gold. In Europe, before refrigerators were invented, salt was used to *preserve meat and fish. In Ethiopia and other parts of Africa today, salt is taken to market in blocks. The blocks are the size of your textbook. At the market, the big salt blocks are broken into smaller pieces for sale. In some parts of the world, there are still people (③) have never seen or tasted salt.

*take it for granted　当たり前のことと思う　　* incompetent　役に立たない　　* preserve　保存する

1. ①を正しい形に変えなさい。
2. 下線部②の指すものを文中から抜き出しなさい。
3. 下線部アの【 】内の語を意味が通じるように並べ変えなさい。解答は【 】の中のみ書きなさい。
4. ③にあてはまる語を下から選び記号で答えなさい。
   ア who　　イ which　　ウ whose　　エ whom

5. 次の英文が本文の内容と合うように（　）に入る適切な語を書きなさい。

Salt was used as (　　　) in ancient times.

Ⅵ 次の英文を読んで，あとの問に答えなさい。

One evening in December Kumi was helping her mother in the kitchen. Her brother, Ken, was watching television in the living room.

Kumi said to her mother, "My teacher, Mr Kato, went to America to visit his uncle and came back a few days ago."

"Oh, did he?" said her mother. "How (A) did he stay there?" "About twenty days. Today he told us many interesting things," said Kumi.

Soon dinner was ready. Her father was not back home yet. Ken was too hungry to wait for his father and they began to have dinner together.

Ken said to his sister, "Kumi, you were talking about your teacher's trip to America, (B) you? Please tell us some of his interesting stories."

"All right," she said. " Mr Kato wanted to get a present for his daughter, but he could not find a good present easily. At last, he found a pretty doll at a store and bought it. When he brought the doll back to Japan, he found the small words 'Made in Japan' written on the doll."

Ken and Mother laughed when they heard ① this. Ken wanted to listen more. He liked English and (C) was very interesting for him to listen to her stories about foreign countries.

Kumi said, "Americans usually don't sing when they take a bath."

"Then Father must be careful if he goes to America," said Ken. "He often sings when he takes a bath." They all laughed.

Soon Father came home and said, "Have you finished your dinner?"

"Yes, we have," said Mother. "We were enjoying Kumi's stories more than the dinner I made."

1. （A）～（C）に入る適切な語を書きなさい。
2. 下線部① this の具体的な内容を30字以内の日本語で書きなさい。
3. 次の（ア）（イ）の英文が本文の内容と合うように（　）に入る適切な語を1語ずつ書きなさい。

（ア）Ken liked English and he was (　　　) in stories about foreign countries.

（イ）Father couldn't listen to the stories (　　　) by Kumi.

Ⅶ 次の文章の【ア】～【エ】に入る英文を下の選択肢①～④から選び数字で答えなさい。

In the sixteenth and seventeenth century West-European countries tried hard to get land in America. England, France, Spain, and Holland could make their colonies there. For many years their colonies were in America. 【 ア 】They thought themselves English, French, Spanish and Dutch.

The English people in the northern part of America were angry at the heavy taxes that their king took from them. Finally in 1775 they decided to fight the English army to become independent. 【 イ 】

In 1783, the thirteen colonies became the thirteen states of a new country that was called the United States of America. 【 ウ 】 So new laws were written in English. *Public affairs were done in English, too. Though people spoke other languages in many places, the official language was English. 【 エ 】

*Public affairs　一般的な事柄

選択肢

① In this way it has been the language that is spoken by the greater number of people in the whole country since then.
② The English people were the strongest of all the different nations in the United States.
③ The people who lived there did not think themselves American.
④ After a lot of battles, they were able to win the war at last.

波斯國…ペルシャの古称。現在のイラン。
とくり…とっくり。酒などを入れる器。

問一 ——部①「こしらへやう」の読みを現代仮名遣いで答えなさい。

問二 ——部②「此のもの」、——部④「かく」は指示語ですが、指示内容を②は五字以内で、④は十字以内でそれぞれ本文から抜き出して答えなさい。

問三 ——部③「あざむきて」とありますが、なぜ「あざむ」いたのですか。説明しなさい。

問四 本文の内容として正しいものを次の中から選び、記号で答えなさい。

ア びいどろの発祥地は、鼠璞と言われている。
イ びいどろの伝来時期は、昔から広く知られている。
ウ びいどろを製造するには、蝋燭が必要である。
エ びいどろは世間一般では、硝子と言われている。

※問題作成の都合上、文章の一部を省略・変更《へんこう》しました。

イ　苦労したアイヌ犬が、安楽な生活を送れるものと考えていたが、犬自身が自ら死場所を求める行為に走ったことにショックを受けたので、うつろな気分になった。

ウ　綱をかみ切り、自然の中で自由になろうとする予想外のアイヌ犬の激しいその本能と生き方にショックをうけ、そのあまりに大きいショックのためにうつろな気分になった。

エ　羆にケガを負わされた上に飼い主に見捨てられ、苦労して家に戻ってきたなどの、このアイヌ犬ムクの悲惨な生き方、不運な生涯を思い、うつろな気分になった。

問八　この作品の説明として最もふさわしいものを、次の中から一つ選び、記号で答えなさい。

ア　作品で語られていることは、羆と穴羆取りの実態。作者がまるで読み手に語り掛ける口調で、作品は展開されている。非常に危険を伴う仕事であること・家族の結びつきの強さも併せて描かれ、短い作品ながら読者の心に残る。「穴羆取り聞き書き」が題名。作者は意図的に「かれ」と「猟師」、「ムク」と「犬」を使い分けている。その気づきにくい技法を用い、効果を上げている。

イ　肩の力を抜いた冷静な書き出しの一文から羆撃ちと犬の苦しい生活が描かれている。特に「ムク」という犬が、どのようなアイヌ犬かが描かれている。ムクが家に帰ってきた話がこの作品の主題。作者のムクへの敬意が込められている。「ムクは家に帰ってきた」が題名。作品中にもある言葉だが、たくみな題名である。文章は工夫されているが、技巧を感じさせない上手さがある。

ウ　犬を連れて帰れなかった穴羆撃ちの苦しい胸の内が主題の短編小説。文章は感傷的な短い文の重なりで、寡黙《かもく》な羆撃ち猟師の人物像が描かれている。「柵の外に立つムク」という題名は秀逸《しゅういつ》。随筆とも短編の私小説とも取れる良質な作品。作品は長い時間をかけて、猟師との関係を深め、猟師の気持ちを理解し、作品に仕上げたようだ。時間と元手がかかっている作品である。

エ　自分で見聞きしたことなので、文末は「た。」が多用されている。短い段落を重ねて、的確に時間を推移させ、乾いた文体で事実を着実に描く。書き出しの一文は簡潔だが、作品のテーマ。構成は単純なものだが、最後の段落で、冒頭の一文の理由を読者は知ることができる。題名は「茶色い犬」。平凡だがテーマにふさわしい題名と言える。

四　次の古文をよく読み、後の問いに答えなさい。

びいどろといふもの、鼠璞《そはく》といふ書にて見れば、中國にても①こしらへやうを昔は知らぬよしなり。又、②此《こ》のもの波斯國《はしこく》より出たりとあり。世間にてもち米にてこしらゆるといふほどあやまりはなし。それはびいどろふくものに「何にてこしらゆるぞ」と言ふに、其の法を秘して言はぬ時、其のそばに白き粉を置くによりて、「是《こ》は何ぞ」と問ふとき、③あざむきて「もち米の粉といふものなり」と答へしを、まことと思ひ④てかくはいふにこそ。

これは白石を焼きて、薬を入れてこしらゆるものなり。びいどろのとくりなどの口かけたるは、蠟燭《らふそく》をたてて其の火をあててなをす。俗語に硝子と言ふ。

（「ひとりね」より）

注　鼠璞…宋の時代の書物。

駅の近くに行くと、⑤かれはムクの首輪につけた綱をといた。犬を列車で送る金はなく、札幌までの切符を買うと、すべり込んできた列車に乗った。かすんだ眼に、線路ぞいの柵の外に立つムクの姿が見えた。

ムクを置いてきたことは妻や娘を悲しませ、かれも悔いたが、到底《とうてい》ムクを連れて帰ってくることは不可能だったと、自らを ⑥ 。

それから十日後、ムクは家に帰ってきた。骨が浮き出るほど痩《や》せこけ、泥まみれになっていた。かれは、ムクを抱きしめた。

家の外に私とともに出たかれは、入り口の傍《かたわ》らを指さした。地面に腹をつけて眠っている茶色い犬がいた。

「急に老いて、とても猟には使えません」

かれは、無表情に言った。

その後、猟師の家に電話した私は、犬が姿を消したことを知った。夜、ムクは綱をかみ切って姿を消し、再びもどってくることはなかったという。

「山の中に死場所を求めて入ったんですよ」

私は、猟師の言葉を⑦うつろな気分できいていた。

(吉村　昭『ひとり旅』の中の短篇「茶色い犬」より(文春文庫))

注　倶知安…札幌から南西に約90キロのところにある町。倶知安から札幌まで、大人が迷わず歩いて20時間ほどかかる。

問一　——部①「おしなべて」とありますが、品詞と意味としてふさわしいものを、それぞれ後から一つ選び、記号で答えなさい。

品詞　ア　形容詞　イ　形容動詞　ウ　副詞　エ　連体詞
　　　オ　終助詞

意味　カ　極めて　キ　つつましく　ク　おだやかな
　　　ケ　すべて一様に　コ　むらがある

問二　——部②「不覚にも」とありますが、「不覚」について次の問いに答えなさい。

A　「不覚」を辞書で調べると、
　ア　心構えが不十分であるために失敗すること
　イ　無意識
とありますが、この文章では、ア・イのどちらですか。

B　Aである根拠になった部分を本文中から三字で抜き出して答えなさい。

問三　——部③「ムクは頭部をたたかれ、耳を引き裂かれたのだ」とありますが、この部分を、「罠」を主語にして書き換えなさい。

問四　——部④「三年前に穴罠とりに山中に入った時のこと」とありますが、「三年前」の話は、どこまでですか。最後の五字を答えなさい。

問五　——部⑤「かれはムクの首輪につけた綱をといた」とありますが、どのようなことを意味しますか。説明しなさい。

問六　空欄 ⑥ に入る語として最もふさわしいものを、次の中から一つ選び、記号で答えなさい。

ア　責めた　イ　嫌悪した　ウ　褒《ほ》めた　エ　慰《なぐさ》めた
オ　奮《ふる》い立たせた

問七　——部⑦「うつろな気分できいていた」とありますが、このときの「気分」の説明として、最もふさわしいものを、次の中から一つ選び、記号で答えなさい。

ア　猟に出られないアイヌ犬として生き続けることに反発し、死ぬ姿を人に見られたくないために、自分の死場所を求める厳しい生き方に心を動かされ、うつろな気分になった。

イ　「自由」とは、不幸になることが分かっていても、その道に進みたいと思ったらそれが自分の正解だということ。

ウ　「自由」とは、自分がどうありたいか、どのように生きたいのかを自分の意志で決定することができるということ。

エ　「自由」とは、ままならないことが起きてしまったときに、それは運命だからと割り切って考えられるということ。

問六　――部⑦「遭遇という領域」とありますが、「遭遇」が「所与」でも「選択」でもないというのはなぜですか。理由として最もふさわしいものを次の中から一つ選び、記号で答えなさい。

ア　人やものとの出会いはいつ何時、どのように訪れるのか、誰にも予想ができない未知のものだから。

イ　人やものとの出会いによって、私たちは多彩な人生を送るきっかけを得られるから。

ウ　人やものとの出会いはあらかじめ用意されているものだが、それを用意するのは自分の努力だから。

エ　人やものとの出会いは偶然起こる天災のようなもので、そこには人間の存在が関与していないから。

問七　――部⑧「人生の豊かさ」とは、どういうことかを語ったこの段落を次のようにまとめました。空欄に入る語を本文の中から抜き出して答えなさい。

［　　］がたくさんあるということ。

問八　――部⑨「わたしがあえて『命綱』と訳したのは、ギリシア語の『カタフィゲー』ということばである」とありますが、「カタフィゲー」を「避難所」と訳さないで「命綱」と訳したのはなぜですか。説明した次の空欄に入る語をそれぞれ本文中の語を使って答えなさい。

「教養」そのものが、「避難所」のように［　A　］ではなく、「命綱」のように、生き延びるための［　B　］だから。

［三］　次は、小説家吉村昭の文章です。読んで後の問いに答えなさい。

ムクという忘れがたい犬がいる。

四十代半ばに、月一回の割で北海道に旅をした。ある雑誌に羆撃《くまう》ちの猟師のことを連載するため、猟師の家に行って話をきく。①おしなべて口数が少く、極端に気むずかしい人もいた。

羆は、冬、穴ごもりする習性があり、それを撃つ穴羆とり専門の猟師の家におもむいたことがある。かれは、毎年雪どけのはじまらぬ三月下旬に山へ入り、アイヌ犬のムクを連れて羆のひそむ穴を見つけ、ムクの協力を得て羆を撃つ。

ムクの耳は失われ頭部に鋭い傷跡が二筋残っているが、それはかれの不注意によるものだった。かれは羆を銃撃《じゅうげき》し、羆が倒れて動かなくなったので、②不覚にもムクの手綱をはなした。ムクは走り、羆に近寄った瞬間、羆は余力をしぼって掌《てのひら》を横になぎはらい、③ムクは頭部をたたかれ、耳を引き裂《さ》かれたのだ。

猟師は炉端《ろばた》で、④三年前に穴羆とりに山中に入った時のことを話した。

十日分の米を携行して山に入ったが、羆を眼にすることはできず、一日の食べる分量を減らして野宿をかさね、二十日近くになった。札幌《さっぽろ》郊外の山に足をふみ入れてから、倶知安《くっちゃん》の近くまで歩いていた。

倶知安の町におりたかれは、さながら半病人であった。足は今にも崩《くず》折《お》れそうで意識はかすみ、再び山中を歩いて帰る力は失われていた。

は、ギリシア語の「カタフィゲー」ということばである。アリストテレスは、幸運なときの「コスモス（飾り）」と不運なときの「カタフィゲー」を対比させた。カタフィゲーは、文字通りには、「避難所」である。「避難所」は、危機のときに身を守る場所であるが、いざというときに身を守る力になるという意味では、むしろ「命綱」と言った方がいいと思う。これは、ほかの人が守ってくれる力という意味ではない。自らの心のうちにあって、自分を守る力である。アリストテレスはそれが教養だというのである。教養は、自分自身のなかに形成された生きるための底力だからである。

（桑子敏雄「何のための『教養』か」より）

注　アリストテレス…古代ギリシアの哲学者。

問一　――部①「教養は、人の精神を秩序づける」とありますが、ここではどういうことですか。次の中から最もふさわしいものを一つ選び、記号で答えなさい。

ア　教養のある人は、ものの考え方や行動に軽率さや矛盾がない。

イ　教養のある人は、豊富な知識を持っていて危機的な状況に強い。

ウ　教養のある人は、物静かな立ち居振る舞いを好み、騒がない。

エ　教養のある人は、多様な価値観を受け入れる寛大さを持っている。

問二　――部②「自分の人生の『生まれ』を選択することはできない」とありますが、どのような意味ですか。次の中から最もふさわしいものを一つ選び、記号で答えなさい。

ア　人は、自らが望んでこの世に生まれてきたわけではないということ。

イ　子どもは人生を自ら選ぶのではなく、親によって決定されるものだということ。

ウ　どんな子供も、両親を自分の意思で選ぶことはできないのだということ。

エ　人は、自らがどのような境遇に生まれつくかを選ぶことができないということ。

問三　――部③「自らの誕生」とありますが、ここでの「誕生」を別の語で言い換えるとどうなりますか。本文中から十字以内で抜き出して答えなさい。

問四　――部④「選択を誤る」ことと、――部⑤「数学の解答を誤る」こととは、どのような違いがありますか。次の中から最もふさわしいものを一つ選び、記号で答えなさい。

ア　人生における選択は、数学の問題のように間違えてもやり直すことはできない、一度限りのものであるという違い。

イ　人生における選択は、数学のようにあらかじめ用意されている正解を求めるものではないという、本質的な違い。

ウ　人生における選択は、数学とは異なり、自らがその正解を決めるという自由が保障されているという意味での違い。

エ　人生における選択は、数学のように、全ての人間にとって正しいという真理が決して存在しえないという違い。

問五　――部⑥「人間が自由であるということに含まれている」とありますが、筆者の「自由」に対する考え方として、最もふさわしいものを次の中から一つ選び、記号で答えなさい。

ア　「自由」とは、何が幸せで何が不幸せなのかを自分自身の価値観において決めることが保障されているということ。

選択を誤ることで、あるいは、不運に見舞われることで、わたしたちは困難な状況に陥る。困難な状況に陥ってしまうことの分岐点となった選択のことを「選択を間違った」とか、「選択が正しくなかった」、あるいは「選択はよかったが、運が悪かった」というのである。たしかに、「誤った選択」「正しくなかった選択」は回避したい。不運な出来事に出会うことも喜ばしいことではない。が、そういう選択をすること、そのような状況を生きることができることもまた、⑥人間が自由であるということに含まれている。

ここで命のように、「与えられているもの」を「所与《しょよ》」と呼ぶことにしよう。わたしたちは、与えられた命のもとで、すなわち、所与としての人生のうちにあって、選択する自由を与えられている。

所与と選択とが人間が存在するということの根本的な条件である。ただし、人生は、所与と選択だけによって成り立っているわけではない。人生には、所与でもなく、選択でもない広大な領域が広がっている。⑦遭遇《そうぐう》という領域である。

わたしたちは、人生のなかで、さまざまな人びとや出来事に出会う。遭遇する。この遭遇もまた「所与としての生きていること」と切っても切れない関係にある。所与をスタートとしてわたしたちの人生は進んでいくのであるが、そのなかでわたしたちはそれぞれにさまざまな人や出来事と出会うからである。しかし遭遇は所与ではない。選択でもない。

遭遇は選択ではないが、さまざまな遭遇は、他方でわたしたちにさまざまな選択肢を用意してくれる。⑧人生の豊かさは、この所与と遭遇によって用意される選択のなかにある。いろいろな人と出会い、いろいろな出来事に出会う。人との遭遇、出来事との遭遇によってさらにさまざまな選択肢が現れてくる。そのなかの選択によって人生は変化してゆく。選択によって出会うさまざまな人や出来事や風景が人生の彩りとなる。

ただ、遭遇もまた、時として、さまざまな困難な状況をもたらす。自然災害との遭遇もあり、危害を及ぼす人間との遭遇もある。そうした遭遇で迫《せま》られる選択に失敗すれば、その結果は不幸な結果になることもある。死に至ることもある。

社会に秩序が存在し、平和を維持している時代にわたしたちが生まれたとすれば、そのような状況もわたしたちの「所与」ということができる。そのような時代であれば、人びとは心安らかに暮らすことができるようにみえる。

しかし、そのような時代にも、人は時として困難な状況に遭遇する。戦争がなくても、人びとの間には対立や紛争があって、ときには暴力に至る。DV（ドメスティック・バイオレンス）といわれる家庭内暴力や「いじめ」もある。

命の危機に遭遇することは不幸なことであるが、幸運に恵まれるだけがよい人生ではない。むしろ、さまざまな困難を克服すること、そのような克服を実現するための賢い選択を行うことこそが人生を豊かにする。困難な状況にあってこそ、人間は賢い選択をすることができるからである。

命にかかわる危機のなかで何が人を救うことができるだろうか。アリストテレスの「教養は幸運なときには飾りとなるが、不運のなかにあっては命綱となる」ということばで、⑨わたしがあえて「命綱」と訳したの

【国語】（五〇分）〈満点：一〇〇点〉

一　次の問いに答えなさい。

問一　次の——部の読みをひらがなで書きなさい。

①　鬼の形相。　②　人の意見に迎合する。
③　寒さが緩む。　④　流行に疎い。
⑤　因みに、昨日のことです。

問二　次の——部のカタカナを漢字に直しなさい。

①　老後にソナえる。　②　痛みにキく薬。
③　手をアげる。　④　大幅にジョウホする。
⑤　事件にカイニュウする。

問三　次の四字熟語には、それぞれ一か所、誤った字が使われています。誤った字を抜き出し、正しい字に直しなさい。

①　一身同体　②　縦横無人
③　異句同音　④　天変地位

二　次の文章を読んで後の問いに答えなさい。

人びとが幸運な人生のうちにあるときには、①教養は、人の精神を秩序づける。その人柄を美しく飾る。ただ、人生は、自然法則に支配される自然現象と異なって、幸運と不運のうちにある。同じ人間として生まれながら、富裕な家庭に生まれた子どもと貧困な家庭に生まれた子どもでは、「運不運」が違うとわたしたちは言う。わたしたちは、②自分の人生の「生まれ」を選択することはできない。

わたしたち人間が生きるということは、この地球上に命を与えられ、その命を維持していくということを意味している。生まれるということは、命を与えられるということである。与えられるということは受け身である。わたしたちは③自らの誕生を選択することはできないからである。

他方、わたしたちは命をつなぐために、たくさんのことを選択する。「選択する」ということは、「選択肢《せんたくし》をもつ」ということ、さらに、「選択することができる」ということも意味している。複数の選択肢のなかから選択することができるということは、選択の自由をもつことである。選択の自由があればこそ、わたしたちは、複数の選択肢から自らの意思でどれか一つを選ぶことができる。選択の存在こそ人間が自由であることの根幹に位置しているのである。

ただ、選択が望みの結果をもたらすかどうかは、選択の時点で分かっているわけではない。わたしたちは④選択を誤ることもある。この場合の「誤る」は、⑤数学の解答を誤るという意味ではない。正しい答えを出せなかったということではない。わたしたちは「正しい選択」というが、これは数学の答えのような「正しさ」ではない。選択には、「よりよい選択」と「より悪い選択」、「どちらともつかない選択」がある。よりよい選択とは、わたしたちの願望の実現をもたらす選択、いわば幸福な状況をもたらす選択であり、そうでない選択が誤った選択、不幸をもたらす選択が悪い選択である。

さらに、よい選択をしたと思っても、選択の状況が変化するなかで不運が生じることもある。順調に進んでいた仕事が突然の地震で行き詰《づま》ってしまうこともある。わたしたちは、こういう状況を運が悪いとか、不運だとかいう。

MEMO

大切なことはメモしておこうネ！

2021年度

解 答 と 解 説

《2021年度の配点は解答欄に掲載してあります。》

＜数学解答＞

1 (1) $4.8\left[\dfrac{24}{5}\right]$　(2) $\dfrac{33}{40}$　(3) $2-2\sqrt{6}$　(4) $4a^3b^3$　(5) $\dfrac{5a-b+5c}{12}$

2 (1) $(x+5y+4)(x-5y+4)$　(2) $x=\dfrac{3}{4}$，$y=\dfrac{1}{2}$　(3) $x=-4$，2

(4) $a=5$，$b=5$　(5) 6　(6) ① $\angle x=70°$　② $\dfrac{32\sqrt{14}}{3}\text{cm}^3$

(7) ① $\dfrac{2}{3}$　② $\dfrac{2}{5}$　③ $\dfrac{4}{15}$

3 (1) P(3，18)　(2) 2　(3) $y=x+6$　(4) 14　(5) $t=\dfrac{3}{2}$

4 (1) 45°　(2) 45°　(3) CA：AE＝4：3　(4) $\dfrac{12\sqrt{2}}{7}\text{cm}$　(5) $\dfrac{72}{175}\text{cm}^2$

○配点○

各4点×25　計100点

＜数学解説＞

基本 1 （数・式の計算，平方根の計算）

(1) $(2.6^2\div0.4-10.5)\times0.75=(6.76\div0.4-10.5)\times0.75=(16.9-10.5)\times0.75=6.4\times0.75=4.8$

【別解】 $(2.6^2\div0.4-10.5)\times0.75=\left(\dfrac{26}{10}\times\dfrac{26}{10}\times\dfrac{10}{4}-\dfrac{105}{10}\right)\times\dfrac{3}{4}=\left(\dfrac{169}{10}-\dfrac{105}{10}\right)\times\dfrac{3}{4}=\dfrac{64}{10}\times\dfrac{3}{4}=\dfrac{24}{5}$

(2) $0.1\times\dfrac{1}{4}\div\left(\dfrac{1}{5}\right)^2+0.6\div3=\dfrac{1}{10}\times\dfrac{1}{4}\times25+\dfrac{6}{10}\times\dfrac{1}{3}=\dfrac{5}{8}+\dfrac{1}{5}=\dfrac{25}{40}+\dfrac{8}{40}=\dfrac{33}{40}$

(3) $(\sqrt{3}+2\sqrt{2})(2\sqrt{2}-2\sqrt{3})=(2\sqrt{2}+\sqrt{3})(2\sqrt{2}-2\sqrt{3})=(2\sqrt{2})^2+(\sqrt{3}-2\sqrt{3})\times2\sqrt{2}+\sqrt{3}\times(-2\sqrt{3})=8-2\sqrt{6}-6=2-2\sqrt{6}$

(4) $ab\times(-2a^3b^2)^2\div(-a^2b)^2=ab\times4a^6b^4\times\dfrac{1}{a^4b^2}=4a^3b^3$

(5) $\dfrac{a+b+c}{2}-\dfrac{b+c+a}{3}+\dfrac{c+a-b}{4}=\dfrac{6(a+b+c)-4(b+c+a)+3(c+a-b)}{12}=$
$\dfrac{6a+6b+6c-4b-4c-4a+3c+3a-3b}{12}=\dfrac{5a-b+5c}{12}$

2 （因数分解，連立方程式，2次方程式，平方数，角度，体積，確率）

(1) $x^2+8x+16-25y^2=(x+4)^2-(5y)^2=(x+4+5y)(x+4-5y)=(x+5y+4)(x-5y+4)$

(2) $1-x=\dfrac{1}{2}y$　$2-2x=y$　$2x+y=2$…①　$\dfrac{2}{3}x=1-y$　$2x=3-3y$　$2x+3y=3$…②

②－①から，$2y=1$　$y=\dfrac{1}{2}$　これを①に代入して，$2x+\dfrac{1}{2}=2$　$2x=\dfrac{3}{2}$　$x=\dfrac{3}{4}$

(3) $(x-5)^2=(2x-1)^2$　$x^2-10x+25=4x^2-4x+1$　$3x^2+6x-24=0$　$x^2+2x-8=0$　$(x+4)(x-2)=0$　$x=-4$，2

(4)　$x^2-7x+2a=0$…①　①に$x=2$を代入して，$4-14+2a=0$　$2a=10$　$a=5$　これを①に代入して，$x^2-7x+10=0$　$(x-2)(x-5)=0$　$x=2,\ 5$　よって，$b=5$

(5)　$294=2\times3\times7^2$から，294に$2\times3\times k^2$(kは自然数)をかけると，ある数の平方になる。できるだけ小さい自然数は$k=1$の場合だから，$2\times3\times1^2=6$

(6)　①　$180^\circ-20^\circ\times2=140^\circ$　円周角の定理から，$\angle x=\frac{1}{2}\times140^\circ=70^\circ$

②　正四角錐の底面の正方形の対角線の長さは，$4\sqrt{2}$　正四角錐の高さは，三平方の定理から，$\sqrt{8^2-(2\sqrt{2})^2}=\sqrt{56}=2\sqrt{14}$　よって，求める体積は，$\frac{1}{3}\times4\times4\times2\sqrt{14}=\frac{32\sqrt{14}}{3}$ (cm^3)

(7)　①　6本中あたりくじは4本あるので，A君が当たる確率は，$\frac{4}{6}=\frac{2}{3}$

②　A君，B君のくじの引き方は，$6\times5=30$(通り)　そのうち，2人とも当たる場合は，当たりくじを，あ1，あ2，あ3，あ4とすると，(あ1，あ2)，(あ1，あ3)，(あ1，あ4)，(あ2，あ1)，(あ2，あ3)，(あ2，あ4)，(あ3，あ1)，(あ3，あ2)，(あ3，あ4)，(あ4，あ1)，(あ4，あ2)，(あ4，あ3)の12通り　よって，求める確率は，$\frac{12}{30}=\frac{2}{5}$

③　B君だけが当たる場合は，はずれくじを，は1，は2とすると，(は1，あ1)，(は1，あ2)，(は1，あ3)，(は1，あ4)，(は2，あ1)，(は2，あ2)，(は2，あ3)，(は2，あ4)の8通り　よって，求める確率は，$\frac{8}{30}=\frac{4}{15}$

3 (図形と関数・グラフの融合問題)

基本 (1)　①に$x=3$を代入して，$y=2\times3^2=18$　よって，P(3，18)

(2)　①に$x=1$を代入して，$y=2\times1^2=2$　PH=2　△APHは直角二等辺三角形だから，△APH$=\frac{1}{2}\times2\times2=2$

(3)　①に$x=2$を代入して，$y=2\times2^2=8$　よって，P(2，8)　直線APの傾きは1だから，直線APの式を$y=x+b$として点Pの座標を代入すると，$8=2+b$　$b=6$　よって，直線APの式は，$y=x+6$

(4)　(3)より，P(2，8)　$y=x+6$…②　①と②からyを消去すると，$2x^2=x+6$　$2x^2-x-6=0$　$(2x+3)(x-2)=0$　$x=-\frac{3}{2},\ 2$　よって，点Qのx座標は，$-\frac{3}{2}$　△PQHの底辺をPHとすると高さは，$2-\left(-\frac{3}{2}\right)=\frac{7}{2}$　したがって，△PQH$=\frac{1}{2}\times8\times\frac{7}{2}=14$

(5)　PH$=2t^2$　△APH$=\frac{1}{2}\times(2t^2)^2=2t^4$　$2t^4=\frac{81}{8}$から，$t^4=\frac{81}{16}$　$t>\frac{1}{2}$から，$t^2=\sqrt{\frac{81}{16}}=\frac{9}{4}$　$t=\sqrt{\frac{9}{4}}=\frac{3}{2}$

4 (平面図形の計量問題―円の性質，角度，平行線と線分の比の定理，三角形の相似，面積)

(1)　BCは円Oの直径だから，$\angle$BAC$=90^\circ$　半直線ADは$\angle$BACの二等分線だから，$\angle$DAC$=\frac{90^\circ}{2}=45^\circ$　AD//EBより，同位角は等しいので，$\angle$BEC$=\angle$DAC$=45^\circ$

(2)　$\angle$DAB$=\angle$DAC$=45^\circ$　AD//EBより，錯角は等しいので，$\angle$ABE$=\angle$DAB$=45^\circ$

(3)　(1)，(2)より，△AEBは二等辺三角形なので，AE=AB=3cm　よって，CA：AE=4：3

(4)　$\angle$EAB$=180^\circ-\angle$BAC$=180^\circ-90^\circ=90^\circ$　よって，△AEBは直角二等辺三角形なので，EB$=3\sqrt{2}$　平行線と線分の比の定理から，AD：EB=CA：CE　AD：$3\sqrt{2}=4:(4+3)$　AD=

$\frac{3\sqrt{2}\times4}{7}=\frac{12\sqrt{2}}{7}$(cm)

重要 (5) 平行線と線分の比の定理から，CD：DB＝CA：AE＝4：3　よって，$DB=5\times\frac{3}{7}=\frac{15}{7}$

2角が等しいことから，△ABH∽△CBA　相似比は，AB：CB＝3：5　$AH=4\times\frac{3}{5}=\frac{12}{5}$

$BH=3\times\frac{3}{5}=\frac{9}{5}$　$DH=DB-BH=\frac{15}{7}-\frac{9}{5}=\frac{75}{35}-\frac{63}{35}=\frac{12}{35}$　したがって，$\triangle AHD=\frac{1}{2}\times\frac{12}{35}\times\frac{12}{5}=\frac{72}{175}$(cm^2)

★ワンポイントアドバイス★

3 (3)は，△PAHは直角二等辺三角形であることから，直線APの傾きは1となるので，点Aの座標を求めなくても直線の式を求めることができる。

＜英語解答＞

Ⅰ 問1 (1) サッカー　(2) (有名な)選手　(3) 13　(4) (美しい星の)写真　(5) コーラス　(6) (近くの)病院　(7) パソコン　問2 how to study Japanese

Ⅱ 1 ア　2 ウ　3 エ　4 イ　5 ウ　6 ウ

Ⅲ 1 rained, lot　2 easier than　3 How many times　4 makes　5 she couldn’t　6 has

Ⅳ 1 Sleep　2 Room　3 Lunch　4 Knee　5 Answer

Ⅴ 1 forgot [forgotten]　2 “salarium”　3 salt was almost as valuable as　4 ア　5 money

Ⅵ 1) A long　B weren’t　C it　2) 加藤先生がアメリカ土産で買った人形が日本製だった(24語)(こと)　3) ア interested　イ told

Ⅶ ア ③　イ ④　ウ ②　エ ①

○配点○

Ⅰ 各3点×8　Ⅱ 各2点×6　Ⅲ 各3点×6　Ⅳ 各2点×5　Ⅴ 3 3点　他 各2点×4　Ⅵ 1) 各3点×3　2) 4点　3) 各4点×2　Ⅶ 各1点×4

計100点

＜英語解説＞

Ⅰ (リスニングテスト)

問1 Today, I’m going to introduce some of the clubs in our high school. Students always have a good time after school. Come and join one. Let’s have fun together.

First, the soccer club. There are thirty-three members. They practice very hard every day. Sometimes a famous soccer player comes to our school and teaches them how to play well. It is exciting to see him playing.

Second, the science club. There are thirteen members. In summer they stay at school at night and watch the stars in the sky. Every year they show photos of beautiful stars at the school festival.

Third, the chorus club. There are twenty-eight members. Every year they have a concert at the hospital near the school. Sometimes they practice singing English songs.

And last, the movie club. There are fifteen members. They are making a movie about our school life now. When they make movies, they use computers.

I hope you will have a good time with this school. Thank you.

（全訳） 今日はこれから私たちの高校の部活のいくつかを紹介します。生徒たちはいつも放課後に楽しい時間を過ごしています。部活に参加しに来てください。一緒に楽しみましょう。

1つめはサッカー部です。部員は33名です。毎日とても一生懸命に練習しています。時々，有名なサッカー選手が私たちの学校に来て，部員たちに上手にプレーする方法を教えます。彼がプレーしているのを見ることはとてもわくわくします。

2つめは科学部です。部員は13名です。夏，部員たちは学校に夜間滞在し，空の星を観察します。毎年文化祭で美しい星の写真を展示します。

3つめはコーラス部です。部員は28名です。毎年，学校の近くの病院でコンサートを開きます。時々，英語の歌を歌う練習をします。

最後は映画部です。部員は15名です。部員たちは今，私たちの学校生活について映画を製作しています。映画を製作するときにはコンピュータを使います。

あなたがたがこの学校で楽しい時間を過ごすといいですね。ありがとうございました。

問2 I have lived in Japan for six months but I can't speak Japanese well. Please tell me how to study Japanese.

（全訳） 私は日本に6か月間住んでいますが，日本語が上手に話せません。どうか私に日本語の学習方法を教えてください。

基本 Ⅱ （語句補充・選択：動名詞，比較，接続詞，時制，助動詞）

1 「マイクはいつもギターを弾いて楽しむ」 enjoy ~ing「～するのを楽しむ，楽しんで～する」

2 「この犬はあの犬よりもずっと大きい」 much は比較級を強めて「ずっと…」を表す。

3 「彼女はあまりスペイン語を話さない。いくつかの単語を話すだけだ」〈a few ＋複数名詞〉「いくつかの～」

4 「春にはすべてのものが育つ」 everything 「すべてのもの」は単数扱いなので，現在形の動詞には -s を付ける。

5 「雨がやんだらすぐに出発しましょう」 as soon as ～「～するとすぐに」に続く動詞は，未来のことでも現在形で表す。rain は単数なので動詞は -s を付けて stops となる。

6 「あなたは長時間歩いた後で疲れを感じているに違いない」 助動詞 must ～「～に違いない」

基本 Ⅲ （言い換え・書き換え：動詞，比較，疑問詞，文型，助動詞）

1 「去年の夏，私たちはたくさんの雨を経験した」「去年の夏は非常にたくさんの雨が降った」 It rains「雨が降る」を過去形にして It rained とする。a lot「とても，たくさん」

2 「あの本はこの本ほど簡単ではない」「この本はあの本より簡単だ」 not as … as ～「～ほど…ではない」を〈比較級＋ than ～〉「～より…だ」に書き換える。easy は y を i に変えて -er を付ける。

3 「あなたは学校で週に何回柔道を練習しますか」 How often ～? は頻度を尋ねる。How many times a week ～?「週に何回～」

4 「私たちは一生懸命に働くことによって幸せになることができる」「一生懸命に働くことは私たちを幸せにする」〈make ＋目的語＋形容詞〉「～を…にする」動名詞句 Working hard「一生

懸命に働くこと」が主語で，動名詞は単数扱いなので，動詞 make には -s を付ける。

5 「彼女はとてもショックを受けて話すことができなかった」〈too … to ＋動詞の原形〉「…すぎて～できない」を〈so … that ＋主語＋ can't ～〉「とても…なので—は～できない」で書き換える。文の時制が過去なので can't は couldn't になる。

6 「私の町には美しい公園がある」 bの文では「私の町は美しい公園を持っている」と表す。

Ⅳ （語彙）

1 「寝るは，通常は夜に目を閉じてベッドで横になり，心と体を休めることだ」 sleep「寝る」

2 「部屋は建物の一部で，壁，床，天井によって他の部分と区切られている」 room「部屋」

3 「昼食は日中に食べる食事だ」 lunch「昼食」

やや難 4 「ひざは脚の上部と下部の間の関節で，真ん中で曲がる」 knee「ひざ」

5 「答えるは誰かがあなたに質問をした時にその人に対して何か言うことだ」 answer「答える」

Ⅴ （長文読解・歴史：語形変化，現在完了，指示語，語句整序，比較，関係代名詞，語句補充，内容吟味）

（全訳） ほとんどの人が塩を毎日使う。私たちは食べ物の味を良くするためにそれを使う。私たちはそれについてほとんど，または全く考えない。当たり前のことと思っている。そこにあるから使うのだ。私たちは塩がありふれたものではなかった時代があったこと①を忘れてしまっている。その当時，裕福な人々だけが塩を手に入れることができた。その頃，塩は入手するのが難しかった。そこで塩はお金として使われた。古代ローマの労働者たちは塩で支払われた。そこで私たちは今でも「塩に見合わない」という表現がある。それはその人が怠惰で役に立たない，穀つぶしだ，という意味だ。salary という英単語はラテン語の salarium に由来する。②それは「塩のお金」という意味だ。

ア古代中国では塩は金とほぼ同じ価値があった。ヨーロッパでは冷蔵庫が発明される前は，塩が肉や魚を保存するために使われた。エチオピアやアフリカの他の地域では，塩はブロックにして市場に運ばれる。そのブロックは教科書ほどの大きさだ。市場では大きな塩のブロックは砕かれて小さなかけらにして売られる。世界のいくつかの地域では，塩を見たことも味わったこともない人々がいまだにいる。

1 現在完了〈have ＋過去分詞〉で，「～してしまった」という完了を表す。forget の過去分詞は forgot または forgotten。

2 直前の “salarium” を指す。

3 as … as ～「～と同じくらい…」 almost「ほとんど，ほぼ～」は初めの as の前に置く。

4 people を後ろから修飾する，主格の関係代名詞 who を入れる。

5 「塩は古代においてお金として使われた」 第1段落第9文参照。

Ⅵ （長文読解・物語文：語句補充，疑問詞，付加疑問，指示語，内容吟味，語句補充，分詞）

（全訳） ある12月の晩，クミは台所で母の手伝いをしていた。弟のケンは居間でテレビを見ていた。

クミは母に言った。「私の先生の加藤先生がおじさんを訪問するためにアメリカに行って，数日前に帰ってきたのよ」

「あら，そう」と母が言った。「どのくらい向こうに滞在したの？」「20日間くらい。今日先生は私たちにたくさんおもしろいことを話してくれたの」とクミが言った。

まもなく夕食の準備ができた。父はまだ帰宅していなかった。ケンはとてもおなかがすいていて父を待つことができず，彼らは一緒に夕食を食べ始めた。

ケンは姉に向かって「クミ，先生のアメリカ旅行について話していた(B)よね？ 先生のおもしろい話をいくつか僕たちに教えてよ」

「いいよ」と彼女は言った。「加藤先生は娘さんにプレゼントを手に入れたかったんだけど，良いプレゼントをなかなか見つけることができなかったの。先生はようやくある店でかわいい人形を見つけて買ったの。その人形を日本に持って帰る時，先生はその人形に『日本製』という小さな文字が書かれているのを見つけたのよ」

ケンと母は①これを聞いて笑った。ケンはもっと聞きたかった。ケンは英語が好きで，彼にとって彼女の外国についての話を聞くことはとても興味深かった。

クミは「アメリカ人はふつう，お風呂に入るときに歌わないの」と言った。

「じゃあお父さんはアメリカに行ったら気を付けないといけないね」とケンが言った。「お風呂に入る時にしょっちゅう歌うから」 彼らは皆，笑った。

まもなく父が帰宅して「みんなは夕食を食べ終わった？」と言った。

「ええ，終わったわ」と母が言った。「私たちは私が作った夕食よりもクミの話のほうを楽しんでいたのよ」

1 (A) How long ～?「どのくらいの期間」 (B)「～よね？」を表す付加疑問。肯定文には否定の付加疑問を付けるので，weren't を入れる。 (C) 形式主語構文〈It is … for ＋人＋ to ＋動詞の原形〉「(人)にとって～することは…だ」

重要 2 この this は直前のクミの話した内容を指す。

重要 3 (ア)「ケンは英語が好きで外国に関する話に興味がある」 be interested in ～「～に興味がある」 (イ)「父はクミによって語られた話を聞くことができなかった」 形容詞的用法の過去分詞句 told by Kumi「クミによって語られた」が stories を後ろから修飾する。

重要 Ⅶ (長文読解・歴史：文補充・選択)

(全訳) 16，17世紀に西ヨーロッパの国々は懸命にアメリカに土地を得ようとした。イングランド，フランス，スペイン，オランダはそこに植民地を作ることができた。何年間もそれらの植民地がアメリカに存在した。【ア】そこに住む人々は自分たちのことをアメリカ人だと思っていなかった。彼らは自分たちをイギリス人，フランス人，スペイン人，オランダ人だと思っていた。

アメリカ北部にいたイングランドの人々は王が自分たちから取り立てる重税に腹を立てていた。ついに1775年，彼らは独立するためイングランド軍と戦うことを決意した。【イ】多くの戦闘の末，彼らはついに戦争に勝利することができた。

1783年，13の植民地がアメリカ合衆国と呼ばれる新しい国の13の州となった。【ウ】イングランドの人々は合衆国の他の全ての国々の中で最も強かった。そこで新しい法律は英語で書かれた。一般的な事柄も英語によって行われた。人々は多くの場所で別の言語を話したけれども，公的な言語は英語だった。【エ】こうして，英語はそれ以降，国全体で非常に多くの人々に話される言語となった。

★ワンポイントアドバイス★

Ⅶの文補充問題は，文脈(文の流れ)を把握することに努めよう。

＜国語解答＞

一 問一 ① ぎょうそう ② げいごう ③ ゆる ④ うと ⑤ ちな
問二 ① 備 ② 効 ③ 挙 ④ 譲歩 ⑤ 介入
問三 ① 誤→身 正→心 ② 誤→人 正→尽 ③ 誤→句 正→口
④ 誤→位 正→異

二 問一 ア 問二 エ 問三 命を与えられる(7字) 問四 イ 問五 ウ
問六 イ 問七 選択肢 問八 A (例) 自分自身を守ってくれる場所
B (例) 自分を守る力

三 問一 品詞 ウ 意味 ケ 問二 (1) ア (2) 不注意 問三 (例) 羆はムクの頭部をたたき，耳を引き裂いたのだ。 問四 きしめた。 問五 (例) ムクをこの土地に残して帰ること。 問六 エ 問七 イ 問八 エ

四 問一 こしらえよう 問二 ② びいどろ ④ もち米にてこしらゆる
問三 (例) 作り方は秘伝だから。 問四 エ

○配点○
一 問一・問二 各1点×10 問三 各3点×4 二 問三・問七・問八 各4点×4
他 各3点×5 三 問一・問二 各2点×4 問三・問八 各4点×2 問五 5点
他 各3点×3 四 問一 2点 問二 ④ 4点 問三 5点 他 各3点×2
計100点

＜国語解説＞

一 (漢字の読み書き，熟語)

問一 ① 激しい感情が表れた顔つき。「形」を「ギョウ」と読む熟語は，他に「人形」がある。
② 自分の考えを曲げて相手や世間の風潮に取り入ること。「迎」の訓読みは「むか(える)」。
③ 音読みは「カン」で，「緩慢」「緩衝」などの熟語がある。 ④ 音読みは「ソ」で，「疎外」「過疎」などの熟語がある。 ⑤ 「因みに」は，ついでに言えば，という意味。「因」の他の訓読みは「よ(る)」。

問二 ① 音読みは「ビ」で，「備品」「警備」などの熟語がある。 ② 音読みは「コウ」で，「効果」「有効」などの熟語がある。 ③ 音読みは「キョ」で，「枚挙」「挙動」などの熟語がある。
④ 自分の主張をおさえて相手の主張を受け入れること。「譲」の訓読みは「ゆず(る)」。
⑤ 当事者以外の人が入りこむこと。「介」を使った熟語は，他に「仲介」「介抱」などがある。

基本 問三 ① 読みは「イッシンドウタイ」で，二人以上の人が心も体も一つであるようなこと。
② 読みは「ジュウオウムジン」で，ものごとを自由自在に行う様子を表す。 ③ 読みは「イクドウオン」で，多くの人が口をそろえて同じことを言うこと。 ④ 読みは「テンペンチイ」で，自然界に起こる台風や地震などの異常な現象。

二 (論説文一大意・要旨，内容吟味，文脈把握)

問一 「精神」はものの考え方，「秩序」は物事を行う上での正しい順序や道筋という意味であることから考える。イの「豊富な知識」とエの「寛大さ」は，「秩序」にそぐわない。ウは「精神」ではなく「行動」について述べているので，ふさわしくない。

問二 直前の文「同じ人間として生まれながら，富裕な家庭に生まれた子どもと貧困な家庭に生まれた子どもでは，『運不運』が違う」を受けて，「自分の人生の『生まれ』を選択することはできない」と述べている。生まれる境遇を「選択することはできない」とあるエを選ぶ。「両親」に

限定しているわけではないので，ウはふさわしくない。

問三　――部③「自らの誕生」は，直前の文の「与えられるということ」を言い換えている。何を与えられるのかを探すと，一つ前の文に「生まれるということは，命を与えられるということ」とあり，ここから指定字数に合うように抜き出す。

問四　同じ段落の「選択が望みの結果をもたらすかどうかは，選択の時点で分かっているわけではない」ことにおいて，「人生における選択」と「数学の解答」が違うと述べている。この内容を，「人生における選択」は「あらかじめ用意されている正解を求めるものではない」と言い換えているイを選ぶ。「人生における選択」と「数学の解答」が違う根拠となる「選択が望みの結果をもたらすかどうかは，選択の時点でわかっているわけではない」は，アの「やり直すことはできない，一度限りのもの」，ウの「自らがその正解を決めるという自由が保障されている」，エの「全ての人間にとって正しいという真理が決して存在しえない」とはそぐわない。

問五　同じ文の「そういう選択」は前の「誤った選択」「正しくなかった選択」，「そのような状況」は不運な出来事に出会う状況を指し示している。筆者は，誤った選択をすることや不幸な出来事に出会うことも「自由であるということに含まれる」と述べている。「自由」について述べている部分を探すと，「他方」で始まる段落に「選択の自由があればこそ，わたしたちは，複数の選択肢から自らの意思でどれか一つを選ぶことができる。選択の存在こそ人間が自由であることの根幹に位置している」とある。ここから，自分の意思で決定することができることを自由としているウを選ぶ。アの幸不幸の価値観について本文では述べていない。本文では幸福な状況をもたらすための選択について述べているので，イの「不幸になることが分かっていても」はふさわしくない。また，エの「運命だからと割り切って考えられる」という内容は本文では述べていない。

問六　直後の段落に「遭遇は所与ではない。選択でもない」とあり，その後の「遭遇は選択ではないが」で始まる段落に理由が書かれている。「人との遭遇，出来事との遭遇によってさらにさまざまな選択肢が現れてくる。そのなかの選択によって人生は変化してゆく。選択によって出会うさまざまな人や出来事や風景が人生の彩りとなる」とあり，ここから「遭遇」によって「人生の彩り」が生まれると述べているものを選ぶ。アは「所与」についても「未知のもの」と言えるのでふさわしくない。ウの「あらかじめ用意されている」や「自分の努力」，エの「人間の存在が関与していない」の部分がふさわしくない。

重要 問七　「人生の豊かさ」について，直後で「この所与と遭遇によって用意される選択のなかにある。いろいろな人と出会い，いろいろな出来事に出会う。人との遭遇，出来事との遭遇によってさらにさまざまな選択肢が現れてくる……選択によって人生は変化してゆく。選択によって出会うさまざまな人や出来事や風景が人生の彩りとなる」と説明している。ここから，「たくさんある」ことが「人生の豊かさ」につながるものを抜き出す。解答欄の大きさから五字以内と想定する。

やや難 問八　同じ段落で「『避難所』は，危機のときに身を守る場所であるが，いざというときに身を守る力になるという意味では，むしろ『命綱』と言った方がいい」と理由を説明している。この「身を守る力」を，直後の文で「自らの心のうちにあって，自分を守る力」と言い換えている。「命綱」とたとえる［B］には，最も端的な「自分を守る力」が入る。「避難場所」とたとえる［A］には，「危険のときに身を守る場所」とあるが，［B］の能動的な「自分を守る力」に対して，受動的な自分を守ってくれる場所などの語が入る。

三　(小説一主題・表題，情景・心情，文脈把握，脱文・脱語補充，語句の意味，文と文節，品詞・用法)

基本 問一　品詞　自立語で，「少く」という用言を修飾しているので，副詞。　意味　漢字で書くと「押並べて」となる。全体に渡る様子を意味する。

問二　読みは「フカク」。直前の文の「かれの不注意によるものだった」が根拠となる。

問三　――部③は，「ムク」が主語となっている。羆がムクを襲う情景を思い浮かべて，「羆は」という書き出しを用いて書き換える。

問四　「三年前」に猟師は穴羆とりに行った時に羆を見つけられず，やむをえずムクを置いて帰ってきたのである。その十日後にムクが泥まみれになって帰ってきた場面までが「三年前」の話になる。

問五　直後の「犬を列車で送る金はなく……かすんだ眼に，線路ぞいの柵の外に立つムクの姿が見えた」や，直後の段落の「ムクを置いてきたこと」「ムクを連れて帰ってくることは不可能だった」などに着目する。――部⑤は，半病人のようであった猟師が，ムクを倶知安の駅に残して帰ろうとしていることを意味している。

基本　問六　直前の「到底ムクを連れて帰ってくることは不可能だった」は，ムクを置いてきてしまった苦しみや悲しみを自分でまぎらわせようとする心情である。苦しみや悲しみをまぎらわせるという意味を表す語が入る。

問七　筆者が「うつろな気分」になったのは，猟師と苦労をともにしたムクが死場所を求めて姿を消したと聞いたことによる。苦労したムクも年老いた後は安楽に暮らせるだろうという予想が裏切られたときの筆者の「気分」を想像する。「うつろな気分」は，心がぼんやりして虚脱状態になっていることを意味する。「地面に腹をつけて寝ている」というムクの様子からは，アの「猟に出られないアイヌ犬として生き続けることに反発」は感じられない。ムクは死場所を求めていたので，ウの「自由になろうとする」はふさわしくない。エの「悲惨な生き方，不運な生涯」は，猟師を慕うムクの様子にはそぐわない。

重要　問八　文末に「た。」が多用され短い段落を重ねるという文体の特徴に着目する。さらに，内容に着目すると，冒頭に「ムクという忘れがたい犬がいる」とあり，本文はムクを「忘れがたい」とする理由を述べている。本文の中心となるのは猟師と苦労をともにしたムクで，題名をムクを意味する「茶色い犬」とするエが最もふさわしい。

四　**（古文—大意・要旨，文脈把握，指示語の問題，仮名遣い）**

〈口語訳〉　びいどろというものは，鼠璞という書物で見ると，中国でも(その)作り方は昔はわからなかったということだ。また，この(びいどろという)ものはペルシャ国から出たとある。世間でもち米から作られると言うほど間違っていることはない。それはびいどろを吹いている者に「何から作ったのか」と言うと，(びいどろを吹いている者が)その方法を秘密にして言わない時，そのそばに白い粉を置いてあったのを，「これは何だ」と尋ねた時，だまして「もち米の粉というものだ」と答えたのを，本当だと思ってこのように言うのだ。

これは白い石を焼いて，薬を入れて作る物である。びいどろのとっくりなどで口が欠けたのは，蝋燭をたててその火を当てて直す。一般には硝子(がらす)と言う。

基本　問一　語頭以外のハ行は現代仮名遣いではワ行に読むので，「こしらへ」は「こしらえ」となる。「やう」は現代仮名遣いでは，「よう」と読む。

問二　②　直前の文の「びいどろといふもの」について，「波斯國より出たりとあり」と説明を加えている。　④　前の「もち米の粉といふものなり」と答えたのを聞いて，信じたのはどのようなことか。びいどろが「世間にてもち米にてこしらゆる」と言われたいきさつを述べている部分であることから考える。

問三　「びいどろふくもの」が，びいどろを何から作るのかと聞かれて「あざむ」いた理由を考える。同じ文の「其の法を秘して」に着目する。「其の法」の内容を具体的に述べてまとめる。

重要　問四　最終文の「俗語に硝子と言ふ」として，エが正しい。アは，「此のものは波斯國より出たり」

とあるので正しくない。イの伝来時期については本文で述べていない。「びいどろの……蝋燭をたてて其の火をあててなをす」と修理方法について述べているが，製造方法とするウは正しくない。

★ワンポイントアドバイス★

読解問題においては，現代文と古文に共通して，文脈を正確に読み取る力が試されている。誰がどうしたのか，なぜそうしたのか，なぜそう思うのかを丁寧にたどりながら読み進めていこう。

2020年度

★★★★★★★★★★★★★★★★★★★★★★★

入　試　問　題

2020年度

大妻嵐山高等学校入試問題

【数　学】（50分）　＜満点：100点＞

1　次の計算をしなさい。

(1)　$\frac{2}{3}\times\left\{\frac{3}{4}-\left(0.75-\frac{1}{2}\right)\right\}\div\frac{3}{16}$

(2)　$(-5)\times(-2)^3-3\times(-2^2)$

(3)　$(2\sqrt{5}+\sqrt{2})(\sqrt{5}-\sqrt{8})$

(4)　$a^2b^3\times(-ab)^3\div(-2a^2b)^2$

(5)　$\frac{3x-y+1}{4}-\frac{2x-y+2}{3}+\frac{2x+5y-1}{12}$

2　次の各問に答えなさい。

(1)　連立方程式 $\begin{cases}0.4x+0.6y=0.3\\ \frac{1}{6}x+\frac{1}{8}y=\frac{1}{4}\end{cases}$ を解きなさい。

(2)　$x^2(a-b)+y^2(b-a)$ を因数分解しなさい。

(3)　$\sqrt{12a}$ が自然数となるような，最小の自然数 a の値を求めなさい。

(4)　２次方程式 $(x-4)^2=(3x-2)^2$ を解きなさい。

(5)　２次方程式 $x^2-6x-a=0$ の解が７と b のとき，定数 a と b の値をそれぞれ求めなさい。

(6)　次の各問に答えなさい。

①　右の図において，角の大きさ x を求めなさい。ただし，点Oは円の中心とします。

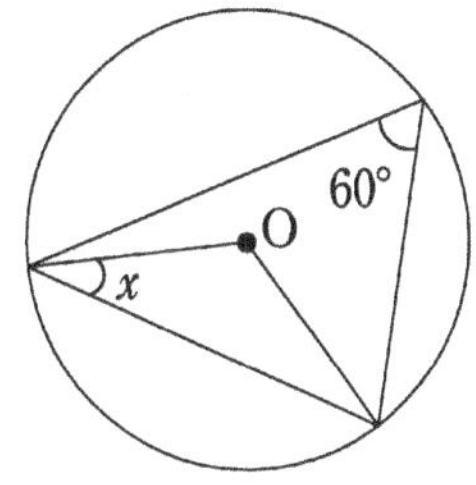

②　右の立体は，底面の半径が５㎝の円の円錐を切ったものです。この立体の体積を求めなさい。ただし，円周率を π とします。

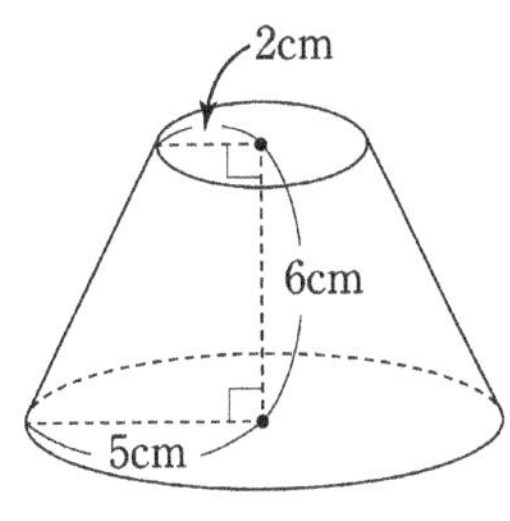

⑺　１から４までの４枚の番号札から１枚引くことを２回行います。１回目に引いた数を十の位，２回目に引いた数を一の位にして２桁の整数を作るとき，次の各問に答えなさい。ただし，引いた札はもとにもどすこととします。

①　２桁の整数は何通りできますか。

②　２桁の整数が３の倍数となる確率を求めなさい。

③　十の位の数と一の位の数の積が３の倍数となる確率を求めなさい。

3　右の図のように，放物線 $y = ax^2$ 上に２点A，Bがあり，点Aの座標は（6，9），点Bの x 座標は２です。
また，y 座標が t である点Pを y 軸上にとるとき，次の各問に答えなさい。ただし，点Oは原点で，$t > 0$ とします。

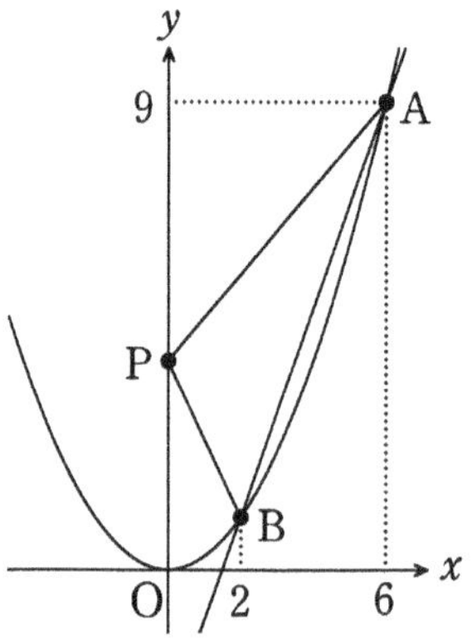

⑴　a の値を求めなさい。

⑵　直線ABの方程式を求めなさい。

⑶　$t = 4$ のとき，△ABPの面積を求めなさい。

⑷　△ABPの面積を t を用いて表しなさい。

⑸　△ABPの面積が△OPBの面積の５倍になるような点Pの座標を求めなさい。

4　右の図のように，AB＝AC＝10，BC＝12 の二等辺三角形ABCの外側に接している円Oがあります。頂点Aから辺BCに下ろした垂線をAH，辺ACの中点をMとします。さらに，三角形ABHの内側に接する円O′があり，点O′から線分AHに下ろした垂線をO′H′とするとき，次の各問に答えなさい。ただし，点O，O′はそれぞれ円の中心を表し，円周率を π とします。

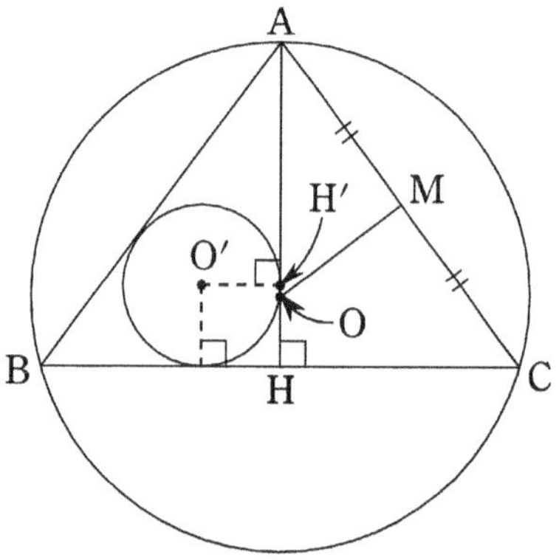

⑴　線分AHの長さを求めなさい。

⑵　線分OMの長さを求めなさい。

⑶　円Oの半径を求めなさい。

⑷　線分AH′の長さを x とするとき，線分BHの長さを x を用いて表しなさい。

⑸　円Oの面積と円O′の面積の比を，最も簡単な整数の比で表しなさい。

【英　語】（50分）　＜満点：100点＞　※リスニングテストの音声は弊社HPにアクセスの上，音声データをダウンロードしてご利用ください。

Ⅰ　聞き取りテスト

問1　下のグラフは，あるクラスで好きなスポーツを1つ上げてもらった結果をグラフにしたものです。このグラフについての英語の説明を聞いて，その説明に合うようにグラフの空欄Aには適切な数字を，B，Cにはそれぞれ適切な英語を書き入れなさい。

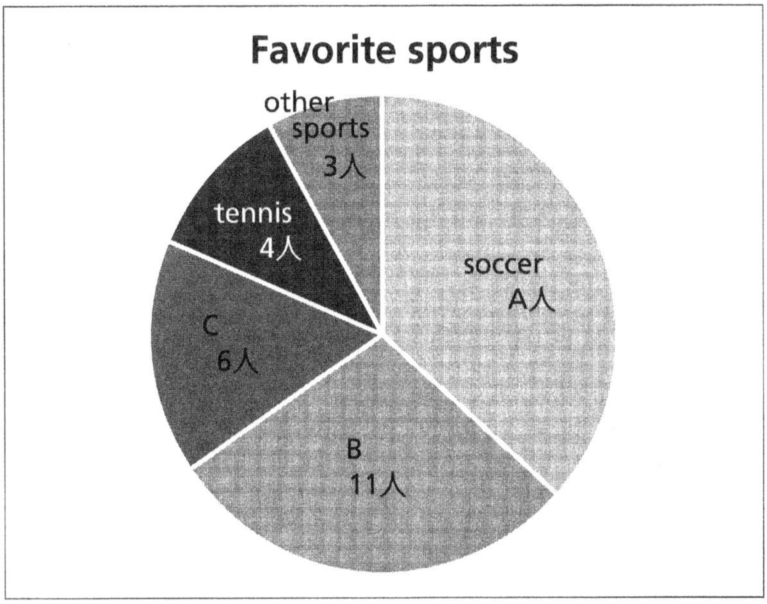

問2　これから聞く英語は，ある国で出会ったボランティアの観光ガイドによる説明です。説明を聞き，その内容に関する質問に英語で答えなさい。

Ⅱ　次の1．～6．の（　）に入る最も適切な語（句）を下のア～エの中からそれぞれ1つずつ選び，記号で答えなさい。

1．How about (　　) for a walk?
　ア go　イ going　ウ to go　エ goes

2．I believe (　　) this town needs a public library.
　ア that　イ what　ウ if　エ as

3．The man (　　) at the station was an American.
　ア which I spoke　イ who I spoke to
　ウ who I spoke　エ that I speak to him

4．If the weather (　　) nice tomorrow, we will go hiking.
　ア was　イ is　ウ has been　エ will be

5．My father came (　　).
　ア home late last night　イ late home last night
　ウ last night home late　エ last night late home

6．(　　　) the students like English very much.

ア Any　イ A few　ウ Many　エ All

Ⅲ 次の1．～6．のa．とb．の文がほぼ同じ意味をあらわすように，それぞれの（ ）に入る最も適切な英語1語を答えなさい。

1．a．Who is your most favorite singer?

b．Who is the singer (　　　)(　　　) the best?

2．a．To speak English is not so difficult.

b．(　　　)(　　　) not so difficult (　　　) speak English.

3．a．We find this book interesting.

b．We are (　　　)(　　　) this book.

4．a．I went to New York before.

b．I have (　　　) to New York.

5．a．That house on the hill belongs to him.

b．That house on the hill is (　　　).

6．a．My mother made some cookies. They are very good.

b．The cookies (　　　)(　　　) my mother are very good.

Ⅳ 次の1．～5．の文の（ ）に適する語を1語ずつ書きなさい。ただし，指定した文字で始めること。

1．(S　　　) is small soft white pieces of ice that fall from the sky and cover the ground.

2．(C　　　) is to hold something in your hands or arms, or on your back, when you go somewhere.

3．(N　　　) is everything in the world that is not made or controlled by humans, such as animals, plants, and the weather.

4．(S　　　) is to express a thought or feeling in words.

5．(T　　　) is to move something from one place to another.

Ⅴ 次の英文を読んで，あとの問に答えなさい。

My brother Kenji is in the 9th grade. He began to study English three years ago. He likes English and he is studying it very hard. Most of his classmates like English, too. He wants to be an English teacher in the future.

Last Sunday he and his friend went into a bookstore (1) their way from school. They wanted to buy a book. When they went into the store, they saw a foreigner who was telling something to a clerk in English. But the (2) didn't understand English. Kenji's friend went up to them and said something to the (3) in English. Kenji (4) surprised because his friend spoke English very well.

Now he wants to speak English like him. So he is (5) to be a member of the English speaking club at his school. I hope he will soon be (6) to speak it well.

1．(1)～(6)に適する英語を1語ずつ書きなさい。

2．次の問に英語でこたえなさい。ただし，それぞれ（ ）内の語数で答えること。

a) When did Kenji begin to study English? (8)

b) What does Kenji want to be in the future? (7)

c) Did Kenji speak to the foreigner in English? (3)

Ⅵ 次の英文を読んで，あとの問に答えなさい。

One Friday afternoon, Sarah came home late. She walked in and fell down on the bed.

"She is crying!" the youngest sister Elizabeth shouted. Her family got together around Sarah.

"What happened, Sarah?" said her father. She was still crying, but at last she began to explain. "I dropped my book in a *puddle. No one can read it now."

The sisters looked at her book. "Is this really the book you borrowed last week?" Sarah's younger sister Ann shouted.

"Yes.... On my way home, the book slipped out of my hand into a puddle. I picked it up quickly, but it was too late. What shall I do?" Sarah said.

Her father understood her feeling well. He said to Sarah, "I know you didn't do it on purpose. But you must go to the library and explain how it happened."

Sarah didn't answer for a while, but at last she said to her father, "I'll tell the library lady about this book."

"I'm sure the lady will understand, Sarah," the oldest sister Lisa said. Their father smiled and said, "Now, go and see the library lady."

At the library, all four girls stood in front of the library lady. The lady looked at them and said, "Hi, girls, did you enjoy your books?"

"Yes..., I love my book. But I'm sorry no one can read it now...," said Sarah.

"What do you mean?" said the lady.

Sarah explained the whole story. Then she said, "Father gives me seven *cents every week. So, I'll bring that money every week."

Then Lisa said, "Can I help her? I'll bring my money, too."

"I'll bring five cents every week," said Ann.

"Me, too," said Elizabeth.

When Sarah heard their words, she felt very happy.

The lady looked at their faces for a while and then said, "Okay, I understand what happened, and I have a good idea for you. Each of you can pay one cent for the library book every week for a month."

"But that is not enough for the book," said the little girls.

"That's okay. Don't worry." The lady smiled and said, "Come on, why don't you borrow some books today?"

"Can Sarah borrow a book, too?" Ann asked.

"Of course, she can. Now, get your books," said the lady.

The sisters were very happy.

When the girls were choosing their favorite books, the lady was smiling. And she thought, "It's wonderful for the sisters to help each other."

puddle　水たまり　　cent　セント（貨幣の単位）

問1．4人の姉妹の関係について（　）に名前を書き入れなさい。

長女（　　　）　次女（　　　）　三女（　　　）　四女（　　　）

問2．文中の下線部の When Sarah heard their words, she felt very happy. について，Sarah が嬉しい気持ちになったのはなぜか，日本語で簡単に説明しなさい。

問3．次のア～エの出来事が起こった順に並べ替え，記号で答えなさい。

ア　The library lady didn't understand what Sarah said.

イ　Sarah fell down on the bed.

ウ　Sarah dropped her book in a puddle.

エ　Sarah's father told her to go to the library to explain about the book.

問4．下の英文は Lisa が書いた日記である。（1）～（3）に適する語を書き入れなさい。

I went to the library with my（　1　）. Sarah dropped a book she borrowed from the（　2　）in the puddle. I am happy because the library lady was kind to us. We are going to pay（　3　）cents for the library book every week for a month.

Ⅶ　次の英文を読んで，あとの問に答えなさい。

The Chinese language does not use letters and does not have an alphabet. Each of the characters in that language is a word, not a letter. On paper, each character is a kind of picture that is made up of some *strokes that often cross each other. American children need to learn the picture form of only（　1　）letters, but the Chinese children have to learn different picture form for every word in their language. They must learn thousands of characters. ②Because of this,【 to / very / read / the / difficult / language / it / is / Chinese 】.

③So it【 to / takes / a long / for / time / a Chinese student / learn 】to read. The American student can do a little reading after a year or two. The Chinese student needs six or more years to learn to read books written in easy Chinese. The children of China are as clever as the children of the United States. They need more time because their written language is more difficult.

There is a very interesting difference between Chinese and English. In English the voice used by the speaker usually does not decide the meaning for the same word. But in Chinese the voice can produce different meanings for the same word. In a high voice, it has one meaning. In a low voice it has another meaning. In a voice between high and low, it may have a third meaning. Because of this, some people call Chinese a sing-song language.

*stroke （漢字の）画

⑴ （１）に適当な数字を英語のつづりで書きなさい。

⑵ 下線部②③の【 】を意味が通るように並び替えなさい。

⑶ 本文最後の段落に述べられている中国語の特徴を次の書き出しに続けて25字以内で書きなさい。ただし，句読点も１字に数え，書き出しは含まない。

中国語では，＿＿＿＿＿＿＿＿＿＿＿＿＿＿＿＿＿＿＿＿

の中から一つ選び、記号で答えなさい。

ア　明快かつ簡潔な表現により、登場人物の視点から情景や人々の様子がリアリティをもって描かれている。

イ　情景描写をふんだんに取り込むことによって、登場人物の心情が明らかになるように意識して書かれている。

ウ　口語やセリフの多用で、読者に読みやすさや人物に対する親近感が生まれるように工夫されている。

エ　繊細な心情描写から、それぞれの人物の深い思いを掘り下げ、感情移入がしやすいように表現されている。

四

次の古文をよく読み、後の問いに答えなさい。

孟宗は、いとけなくして父におくれ、一人の母を①養へり。母年老いて、つねに病みいたはり、食の②味はひも、度ごとに変りければ、③よしなきものを望めり。冬のことなるに、竹の子をほしく思へり。すなはち、孟宗、竹林に行き求むれども、雪深き折なれば、④などかたやすく得べき。「ひとへに、天道《てんたう》の御あはれみを頼み奉《たてまつ》る」とて、祈りをかけて、おほきに悲しみ、竹に寄り添ひけるところに、にはかに大地開けて、竹の子あまた生ひ出で侍《はべ》りける。おほきに喜び、すなはち取りて帰り、あつものにつくり、母に与へ侍りければ、母、これを食して、そのまま病もいえて、齢《よはひ》を延べたり。これ、ひとへに、孝行の深き心を感じて、天道より与へ給へり。

（「御伽草子」より）

注　孟宗……中国の三国時代の呉の人。　いとけなくして……幼くして
ひとへに……いちずに　天道……天地を支配する神
あつもの……熱いお吸い物

問一　――部①・②の読みをすべて現代仮名遣《づか》い（ひらがな）で答えなさい。

問二　――部③「よしなきもの」とは、ここでは具体的に何を指しますか。次の中から一つ選び、記号で答えなさい。

ア　春の竹の子　　イ　冬の竹の子
ウ　春の竹林　　エ　冬の竹林

問三　――部④「などかたやすく得べき」の現代語訳として正しいものを次の中から一つ選び、記号で答えなさい。

ア　どのようにしたら安く手に入れることができるだろうか。

イ　どのような手を使ってもこの悲しさをあわれんでほしい。

ウ　どうしても父に遅れることなく竹林を歩いていきたい。

エ　どうして簡単に手に入れることができるだろうか。

問四　この文章の主題は何ですか。本文中より六字で抜き出して答えなさい。

問五　本文の内容として正しいものを次の中から一つ選び、記号で答えなさい。

ア　病気でありながら竹の子を探しに出た母は、雪深い竹林で道に迷い、太陽の力で雪がとけることを祈った。

イ　父母が幼いころに離別したので、母の世話をする孟宗だが、母の好物の竹の子を一生懸命に給仕した。

ウ　年老いて病気になった孟宗の母は、竹の子を食べたことで病気が治り、長生きすることができた。

エ　母親は病気になっても食事の好みを変えず、孟宗はいつも苦労して母の好物の竹の子を探した。

だった。

三人、四人、五人。いや、七人。

いちばん後ろに、恵介が待っていた二つの人影が見えた。

こちらから近づきたくて足踏みをしているうちに、後方にいた美月と銀河が先頭になった。前を行く人々が次々と歩みを止めたからだ。スマホやカメラを構えて恵介のほうに向けている。

厚い雲に覆《おお》われていた寒空に、いつのまにか青色が戻っていることに気づいた恵介は、背後を振り仰いだ。

やっぱり美月は俺の女神だ。

大きな大きな富士山が、雪を冠した山頂から冬野の麓《ふもと》まで、くっきりと姿を現していた。

（荻原浩『ストロベリーライフ』より）

注　オダギリジョー……俳優の名前。
紅ほっぺ……苺の品種。
採苗……苗をとっておいて、翌シーズン以降の種にすること。

問一　――部①「リュックを背負っちゃってる」という表現からうかがえる「銀河」の気持ちを二十五字以内で説明しなさい。

問二　――部②「見てもいないテレビ」とありますが、ここからわかる「親父」の様子の説明として最もふさわしいものを次の中から一つ選び、記号で答えなさい。

ア　自分一人が蚊帳の外に置かれたまま、手持ち無沙汰な時間をやり過ごそうとしている様子。
イ　出かけないとかたくなな態度を取りながら、意識はイチゴ農園のことに注がれている様子。
ウ　思い通りにならない体を持て余している不甲斐なさを周りに悟られまいとしている様子。
エ　本当は駆けつけたいという思いを、見透かされるのが恥ずかしくて虚勢を張っている様子。

問三　――部③「親父の頬が赤く染まっている」とありますが、その理由として考えられる「親父」の気持ちとして最もふさわしいものを次の中から一つ選び、記号で答えなさい。

ア　予想外の展開に困惑し、どうしてよいかわからない気持ち。
イ　思い通りにならないことへのいらだちでやるせない気持ち。
ウ　自分の存在が無視されたような寂しい気持ち。
エ　慣れない状況と高揚感で落ち着かない気持ち。

問四　――部④「闘犬みたいな親父の表情がたちまち喉を撫でられた猫の顔に変わった」のはなぜか。三十字以内で説明しなさい。

問五　――部⑤「唇がくし切りのかたちになった」とはどういうことですか。解答欄に合うように答えなさい。

［　　　　　　］ということ。

問六　――部⑥「計算をやめた」とありますが、「計算」とはここでは具体的にどうすることですか。四十字以内で説明しなさい。

問七　――部⑦「ストロベリーライフ」とは、恵介が運営しているブログのタイトルですが、――部⑦では、恵介が思い描いている夢が「ストロベリーライフ」という言葉に表れています。恵介の夢とはどのようなものですか。具体的に説明しなさい。

問八　――部⑧「恵介はまた農道のとば口に出た」とありますが、「また」という表現に表れている恵介の気持ちを十五字以内で説明しなさい。

問九　本文の表現の特徴を説明したものとして最もふさわしいものを次

みゃ……」

「あ、でも、おいしーい」

「あま～い。さすが従業員さん」

「こっこっこのしゅっしゅっしゅっ」

④闘犬みたいな親父の表情がたちまち喉を撫でられた猫の顔に変わった。頼まれもしないのにまた新しい苺を差し出す。

「ひゃあ、大きい！」

「これもおいしい」

親父の⑤唇がくし切りのかたちになった。恵介と目が合うと、ぷいっと横を向いてしまったが、目尻に浮かんだ笑い皺は隠せない。

やっぱり嬉しいのだ。自分がつくったものを目の前で他人に評価してもらえることが。

母親は母親で、ばっちり化粧をした顔に恥じらい笑いを浮かべて、若い男の客に苺チョコをつくってやっている。赤いエプロンの下は、フラダンスの発表会用のパイナップル柄のハワイアンドレス。手渡す両手がカイマナヒラ～♪のリズムで揺れていた。

二人にはまだまだがんばってもらわなくては。二人の経験と技がこの農園の基礎なのだから。

富士望月いちごを真のブランド苺にするために、来シーズンからは自家採苗《さいびょう》にもチャレンジすることに恵介は決めていた。種苗《しゅびょう》会社から親株を入手するのではなく、優良な株をこの中から選別して、一から自分たちの苺を育てるのだ。何年かかるかわからないが、いつか望月農園発の新品種を生み出すことができたら、とも考えている。

午後一時半までに訪れたお客さんは、五十三人。夕方までこのペースで客を入れて、明日の日曜のぶんはだいじょうぶだろうか。ハウスのすべてを開放するのではなく、一部をロープで仕切り、『調整中』という札を掲げて、採られないスペースをつくっておくのが、賢い苺狩り農園のやり方だ――

そこまで考えたところで、⑥計算をやめた。ここ最近、苺を金に換算することばかりで頭がいっぱいだった。でも、来てくれた人たちの嬉しそうな顔を見ているうちに、どうでもよくなった。

みんな腹いっぱい食べてくれ。俺の、俺たちの苺を。

恵介のすぐそばで、小さな子どもが苺を見上げて手を伸ばしている。母親が抱き上げて実を採らせてやり、父親がそれにカメラを向けている。

みんな楽しそうだ。

恵介も楽しかった。誰が何と言おうと、仕事は、毎日は、楽しんだもの勝ちだ。同じことをするなら、楽しくやろう。辛さも笑い飛ばしてしまおう。そして、明日もあさってもその先も『⑦ストロベリーライフ』を綴《つづ》っていくのだ。

⑧恵介はまた農道のとば口に出た。そろそろ次のバスが停留所に到着する時刻だ。

枯草色の休耕田と耕作放棄地にはさまれた狭い道だ。吹き抜ける寒風が土埃《つちぼこり》を巻き上げている。

けれど、いつかこの道が、恵介たちの農園と広い世界を繋《つな》ぐ大通りになるはずだ。恵介は、いまは何もない道の両側に、苺の新しいハウスや野菜畑や家畜舎が並ぶ光景を思い描いた。

夢想を破ったのは、バス通りを折れてこちらへ歩いてくる人々の姿

「さぁ、着いたよ」

美月にとっては、これからが出発だけれど。

「パパ、元気かな」

「元気じゃなくても、元気になるよ、銀河の顔を見れば」

恵介に到着時間は連絡していない。あの人のやることにはいつもいつも驚かされてばかりだから、たまにはこっちが驚かせてやるつもりだった。

◇◇◇

親父をハウスに連れ出すのは大仕事だった。茶の間で②見てもいないテレビをつけて、リハビリ椅子に張りついたまま動こうとしない。「見たくにゃあ」「勝手にやりゃあええだらぁ」先月までレンタルしていた車椅子があれば、それに積み込んで搬出できたのだが。

恵介ではらちがあかず、三姉たちがかわるがわるやってきて説得にあたった。それでも動かない。結局、親父を動かしたのは、祖母ちゃんのひと言だった。

「いつまでも駄々こねてにゃあで、早く行かざぁ」

ハウスにはいつのまにかカズも来ていた。オダギリジョー風と本人だけが言う髭面《ひげづら》。頭にタオルはないが、坊主に近い短髪だから薄毛は目立たない。今日を口実に誘ったんだろう、地元スーパーの四十一歳のバイヤーさんも一緒だ。

「やあ、モッチー。苺、まあまあの出来だよ。俺も教え甲斐《がい》があったってもんだ」

そういうことにしておいてやろう。

祖母ちゃんは早くお迎えが来ないかと――外の騒ぎに気づいて誰かが連れ出してくれるのをという意味だ――うずうずしていたようだ。ハウスの中に見ず知らずの人たちが大勢いることに驚いて、まぶたの皺《しわ》をめいっぱい押し上げていた。

「今日は何の祭りだっただら？」

親父は誠子ネエにむりやりかぶらされたサンタ帽を耳の上に載せている。憮然《ぶぜん》とした表情なのに帽子を脱がないのは、近くにいた二人連れの若い女性客に「かわいい～」と嬌声《きょうせい》をあげられたからだと思う。

「従業員の方ですか」

声をかけられた親父が、土佐犬みたいな仏頂面を振り返らせる。

「こっこっこここのしゅっしゅっしゅ……」

ここの主人だ、と言いたいらしい。言語の障害はほぼ治ったはずだが、相手がさっきの二人連れの娘たちだから、緊張で舌が回らないのだと思う。

「苺、どれがおいしいですか」

「教えてくださ～い」

「ちょちょちょっ待っまっまっ」

③親父の頬が赤く染まっている。いつもいつも恵介は、怒って顔を赤くしている親父ばかり見てきたが、いまの赤は怒りとは別の色だった。大玉の紅ほっぺをていねいに見つくろってから、ぶっきらぼうに突き出していた。

「え～これぇ？」

「なんか変なかたちぃ」

「ばっばっ」ばかくそという言葉をおそらくはあわててのみこんで親父は懸命にろれつを回している。「こっこっこういうのがうみゃみゃみゃ

から。

イ　自由を謳歌するというのは、本来個人的な行動であるべきだから。

ウ　一人ひとりの自由を保障することは社会的に不可能なことだから。

エ　人は他人の存在によってしか自分の自由とは何かを認識できないものだから。

問七　――部⑦「人生は妥協の産物」とありますが、ここでの「妥協」とは、どういうことですか。最もふさわしいものを次の中から一つ選び、記号で答えなさい。

ア　自分が自由かどうかを、常に他人の自由と比較しながら生きるということ。

イ　生きていくために、不条理なことをまるごと引き受けるということ。

ウ　自分の思いのままに行動して生きることを、あきらめるということ。

エ　さまざまな局面で、他人と譲り合ってうまくやっていくということ。

問八　――部⑧「私たちを自由にしてくれるのも他者だ」とありますが、なぜそう言えるのですか。その理由を説明した次の文の空欄に入る語を本文の中から二十字で抜き出して答えなさい。

私たちは［　　　　］自分が自由だと感じることができるから。

問九　本文中、二か所の ⑨ に入る語として適切な語を五字で答えなさい。

三　次の文章を読んで、後の問いに答えなさい。

グラフィックデザイナーの恵介は、妻の美月と5歳の息子、銀河と都内で暮らしていたが、父が病に倒れたことで、やむなく静岡にある実家の苺《いちご》農園の仕事を引き受けることになる。もともとは農業を嫌っていた恵介だが、いつのまにか農業の仕事に喜びと将来への夢を見出していく。そんな夫に対し、東京の暮らしに慣れ、手のパーツモデル（雑誌やポスター、テレビＣＭ等で手だけを映すモデル）をしている美月は醒《さ》めた目を向けていた。美月は銀河と東京に残り、恵介は静岡で生活をしているが、美月は恵介の運営するブログ『ストロベリーライフ』を読んで、徐々に静岡移住に心が傾いていく。

今日、恵介にはきっぱりと言うつもりだった。

「やっぱり一緒に住もう。家族だから一緒にいよう」って。

恵介が言っていた「仕事ってどこでもできるもんだよね」という言葉は、考えてみれば、いまの美月の仕事にそのままあてはまる。

気づいたのだ。大切なのは、どこに住むかじゃなくて、誰と一緒にいるかだ、ということに。どんな一等地に暮らそうが、どんな大邸宅に住もうが、幸せでなければ、そこは不幸な場所だ。出ていくべき場所だ。

そして、その反対もある。欲を言えば3ＬＤＫは欲しいにしても。

パーツモデルのプロ根性にかけて農作業は手伝えないから、実家に同居は気まずい。近くに住まいを借りられたら、嬉しい。恵介は高校を卒業してからずっと知らない街である東京で暮らしてきたのだから、今度は自分の番だ。

新幹線がゆっくり減速してホームに滑りこんでいく。前の駅を出た時から①リュックを背負っちゃってる銀河と、自分自身に、美月は言った。

態として不自由さを感じるのではないか。

私たちは生まれてから（あるいは生まれる以前から）、他の人との間で、他の人といっしょに生きている。最初の自由の感覚は、そこで身につけたはずだ。その時他者は、自由の障害ではなく、むしろ前提だったにちがいない。他者との関わりがあるからこそ、個人の自由が可能になり、そのうえで他者が時に障壁になるのではないか。

だとすれば、この自由の感覚は、成長するにつれて、薄まることはあっても、けっして失われることはないだろう。私たちの自由を妨げるのが他者なら、⑧私たちを自由にしてくれるのも他者だということは、実は大人になっても変わらないはずだ。

これはたんなる理屈ではない。対話において哲学的瞬間に感じる自由は、感覚じたいが個人的であり、主観的であるとしても、だからといって、他者と共有できないわけではない。そこで自分が感じる自由は、まさにその場で他の人と共に問い、考え、語り、聞くことではじめて得られるものである。だからそれは、他者と共に感じる自由なのだ。

こうして私たちは［　⑨　］で自由になり、また他の人といっしょに［　⑨　］で、お互いが自由になる　哲学対話は、このような固有の、そしておそらくは、より深いところにある自由を実感し理解する格好の機会なのである。

（梶谷真司『考えるとはどういうことか』より）

注　敷衍…押し広げること。ここでは、広く具体的に考えること。

問一　――部①「哲学対話」とありますが、なぜ「対話」が必要なのですか。理由として最もふさわしいものを次の中から一つ選び、記号で答えなさい。

ア　他人の目に映った自らの姿を通してしか、人は自分の存在を認識することができないから。

イ　自分とは異なる価値観に出会うことで、人は新たなものの見方や考え方を知ることになるから。

ウ　人は大勢の人との関わりを大切にしなければ生きていけない、社会的な存在であるから。

エ　人は出会いや別れの経験をたくさん積むことで、ものごとを深く考えるようになるものだから。

問二　――部②「思考と自由の関係」とはどういうことか、次の文の空欄に入る語を本文を参考にして十五字以内で考えて答えなさい。

私たちは［　　　　］ということ。

問三　――部③「『相対化』とか『対象化』」のここでの意味を次のようにまとめたときに、空欄に入る語を本文から二十五字以内で抜き出して答えなさい。

自分が［　　　　］でいるということ。

問四　――部④「両義的感覚」とありますが、ここでの「両義的」とはどのような意味ですか。最もふさわしいものを次の中から一つ選び、記号で答えなさい。

ア　表裏一体の　　イ　両立する　　ウ　相照らす　　エ　相反する

問五　――部⑤「自由の感覚」とはどういう「感覚」か。「～感覚」で終わるように、本文中の語を使って四十字以内で説明しなさい。

問六　――部⑥「個人の自由にとって他者は〝障害〟とされる」のはなぜですか。理由として最もふさわしいものを次の中から一つ選び、記号で答えなさい。

ア　自分にとっての自由が他の人にとっての自由であるとは限らない

そうしたもろもろの感覚は、どこか似たところがある。何かから切り離された感じ。自分をつないでいたもの、自分が立っていた地盤から離れる。それは一方では、自分を縛りつけていたものからの解放感であり、他方で、自分を支えていたものを失う不安定感である。

解放感と不安定感――この④両義的感覚は、まさしく自由の感覚であろう。それはある種の高揚感と緊張感を伴っている。対話の時に経験する全身がざわつく感じ、快感と不快感が混じった、どちらとも言えない感覚はそれなのではないか。

これはさしあたり私の個人的な感覚にすぎないかもしれない。しかし私自身は、哲学対話のさいにこのような⑤自由の感覚を経験し、考えることで自由になれたのだという実感がある。

そして他の人の表情を見ていても、きっと同じような経験をしているのだという感触をもっている。参加者が眉間にしわを寄せて一見苦しげに見えながら、深いところで満ち足りていて、楽しんでいるように見える。この両義的な表情から、他の人たちも同じように自由を感じているように私には見えるのだ。

実際、前述のお母さんも言っているように、私たちは考えることを通してまさに自由を体感するのである。

自由にはもう一つの重要な点がある。それは個人と自由との関係である。私たちは、自由であることと、一人であることをしばしば結びつける。一人のほうが気ままで自由だと考えることが多い。哲学でも「他者危害の原則」、すなわち「他人にとって害にならないかぎり、自由を認めるべきだ」という考え方がある。

日常生活の中でも、「誰にも迷惑かけてないでしょ」と言って、自分の行動の自由を正当化する人がいる。「あんたに関係ないでしょ」というのも、口出しするな、私の勝手にさせてくれという、自分の自由を主張するためによく使われるセリフだ。

このような表現からも分かるように、⑥個人の自由にとって他者は〝障害〟とされることが多い。実際、個人どうしの利害や価値観、意向は一致しないのが普通であろう。ある人の自由は他の人の自由と衝突する。そこで他者との間で折り合いをつける必要が出てくる。他の人と関わることは、自由を制限するネガティヴな要因となる。

だから、自分のお金と時間を謳歌《おうか》するシングルをかつて「独身貴族」と呼び、逆に愛する人といっしょになって幸せなはずの結婚を「人生の墓場」と表現した。今でも、人といっしょにいるのは煩《わずら》わしいと思う人はいる。一人で生きているほうが気楽だ、自由気ままでいられる。

たしかにそうだ。結婚も人付き合いも、気をつかうだけ。相手が好きでも嫌いでも、いっしょにいることじたいが疲れる――そんなふうに思う人も多いだろう。だが本当にそうなのだろうか。本当にそれだけなのだろうか。

他者が根本的に自由の妨げなのだとすれば、他者と共に生きるのは、仕方がないからであって、できれば他の人などいないほうがいいのだろうか。だとすれば、人と関わって生きているかぎり、私たちの⑦人生は妥協の産物でしかないだろう。

実際、他の人といることで譲歩したり、我慢したりしないといけないことはある。けれども他者と共にいても、あるいは共にいるからこそ、自由だと感じることもあるのではないか。それに私たちは、どこかでまず自由の〝味〟を覚えた後に、それが抑えられたり妨げられたりする状

【国語】（五〇分）〈満点：一〇〇点〉

一 次の問いに答えなさい。

問一 次の――部の読みをひらがなで書きなさい。

①情報が流布する。 ②体裁を整える。
③軽く会釈する。 ④流行に疎い。
⑤花を飾って教室を彩る。

問二 次の――部のカタカナを漢字で書きなさい。

①困難をコクフクする。 ②調子をイジする。
③ワンガン道路。 ④自在にアヤツる。
⑤ヨクバりな計画。

問三 次の――部のうち、用法が他と異なるものをそれぞれ次の中から一つ選び、記号で答えなさい。

①
ア 彼の読んだ本は面白そうだ。
イ 私には三人の兄弟がいる。
ウ 本屋の店員さんに聞いてみる。
エ 名古屋の知り合いに会いに行く。
オ その試作品は研究所のものだと思われる。

②
ア どんな命も水と空気がなければ育てられない。
イ 彼女の本当の気持ちを聞かないと納得できない。
ウ この空模様からすると、寒さはやわらがないようだ。
エ この状況では日々の暮らしもおぼつかない。
オ つらい目にあったとしても私は哀しみはおぼえない。

二 次の文章を読んで後の問いに答えなさい。

ある哲学カフェを運営しているお母さんが、①哲学対話を通して「物事を自分から切り離して考えられるようになった」と言っていた。そして「日常生活で負っている役割を脇に置いて私という個でいられる場」ができ、そこで「自由を体感できる」という。

ここには、②思考と自由の関係が、きわめて的確かつ簡潔に言い表されている。蛇足になるかもしれないことを承知で、私なりにもう少し敷《ふ》衍《えん》してみよう。

哲学対話で私たちは自ら問い、考え、語り、他の人がそれを受け止め、応答する。そして問いかけられ、さらに思考が促される。こうして私たちはお互いを鏡にして、そこから翻《ひるがえ》って自らを振り返る。

それは抽象的な言葉で言えば、③「相対化」とか「対象化」ということだろう。自分自身から、そして自分の置かれた状況、自分のもっている知識やものの見方から距離をとる。その時私たちは、それまでの自分自身から解き放たれる。自分を縛っていたもの――役割、立場、境遇、常識、固定観念など――がゆるみ、身動きがとりやすくなる。

それは体の感覚としても現れる。先に述べたように、対話が哲学になると、体が軽くなった感じ、底が抜けて宙に浮いた感じがする。その時おそらくは、自分が思い込んでいた前提条件が分かって、それが揺らぐか、取っ払われたのだ。

自分とは違う考え方、ものの見方を他の人から聞いた時、新たな視界が開けるのは、文字通り目の前の空間が広がって明るくなる開放感として表れる。今まで分かっていたことが分からなくなると、いわゆるモヤモヤした感覚、それこそ靄《もや》の中に迷い込んだ感じがする。

MEMO

大切なことはメモしておこうネ！

2020年度

解　答　と　解　説

《2020年度の配点は解答欄に掲載してあります。》

＜数学解答＞

1　(1)　$\frac{16}{9}$　(2)　52　(3)　$6-3\sqrt{10}$　(4)　$-\frac{ab^4}{4}$　(5)　$\frac{x+2y-2}{4}$

2　(1)　$x=\frac{9}{4}$，$y=-1$　(2)　$(a-b)(x+y)(x-y)$　(3)　$a=3$　(4)　$x=-1$，$\frac{3}{2}$

(5)　$a=7$，$b=-1$　(6)　①　30°　②　78π cm^3　(7)　①　16通り　②　$\frac{5}{16}$

③　$\frac{7}{16}$

3　(1)　$a=\frac{1}{4}$　(2)　$y=2x-3$　(3)　14　(4)　$2t+6$　(5)　P(0，2)

4　(1)　8　(2)　$\frac{15}{4}$　(3)　$\frac{25}{4}$　(4)　$18-2x$

(5)　(円Oの面積)：(円O′の面積)＝625：64

○配点○

各4点×25　　計100点

＜数学解説＞

基本 **1**　(数・式の計算，平方根)

(1)　$\frac{2}{3}\times\left\{\frac{3}{4}-\left(0.75-\frac{1}{2}\right)\right\}\div\frac{3}{16}=\frac{2}{3}\times\left\{\frac{3}{4}-\left(\frac{3}{4}-\frac{2}{4}\right)\right\}\times\frac{16}{3}=\frac{2}{3}\times\left(\frac{3}{4}-\frac{1}{4}\right)\times\frac{16}{3}=\frac{2}{3}\times\frac{2}{4}\times\frac{16}{3}=\frac{16}{9}$

(2)　$(-5)\times(-2)^3-3\times(-2^2)=(-5)\times(-8)-3\times(-4)=40+12=52$

(3)　$(2\sqrt{5}+\sqrt{2})(\sqrt{5}-\sqrt{8})=2\sqrt{5}\times\sqrt{5}-2\sqrt{5}\times2\sqrt{2}+\sqrt{2}\times\sqrt{5}-\sqrt{2}\times2\sqrt{2}=10-4\sqrt{10}+\sqrt{10}-4=6-3\sqrt{10}$

(4)　$a^2b^3\times(-ab)^3\div(-2a^2b)^2=a^2b^3\times(-a^3b^3)\times\frac{1}{4a^4b^2}=-\frac{ab^4}{4}$

(5)　$\frac{3x-y+1}{4}-\frac{2x-y+2}{3}+\frac{2x+5y-1}{12}=\frac{3(3x-y+1)-4(2x-y+2)+2x+5y-1}{12}=\frac{9x-3y+3-8x+4y-8+2x+5y-1}{12}=\frac{3x+6y-6}{12}=\frac{x+2y-2}{4}$

2　(連立方程式，因数分解，平方根，2次方程式，角度，体積，場合の数，確率)

(1)　$0.4x+0.6y=0.3$　両辺を10倍して，$4x+6y=3$…①　$\frac{1}{6}x+\frac{1}{8}y=\frac{1}{4}$　両辺を24倍して，$4x+3y=6$…②　①－②から，$3y=-3$　$y=-1$　これを①に代入して，$4x+6\times(-1)=3$　$4x-6=3$　$4x=9$　$x=\frac{9}{4}$

(2)　$x^2(a-b)+y^2(b-a)=x^2(a-b)-y^2(a-b)=(a-b)(x^2-y^2)=(a-b)(x+y)(x-y)$

(3) $\sqrt{12a}=2\sqrt{3a}$　$3a$が平方数になる一番小さい自然数aの値は，3

(4) $(x-4)^2=(3x-2)^2$　$x^2-8x+16=9x^2-12x+4$　$8x^2-4x-12=0$　$2x^2-x-3=0$　$(x+1)(2x-3)=0$　$x=-1$，$\frac{3}{2}$

(5) $x^2-6x-a=0$…①　①に$x=7$を代入して，$7^2-6\times7-a=0$　$a=49-42=7$　①に$a=7$を代入して，$x^2-6x-7=0$　$(x+1)(x-7)=0$　$x=-1$，7　よって，$b=-1$

重要 (6) ①　$\angle x=\frac{180°-60°\times2}{2}=30°$

②　切断する前の円錐の高さをhとすると，三角形の比の定理から，$(h-6):h=2:5$　$5(h-6)=2h$　$5h-30=2h$　$3h=30$　$h=10$　$10-6=4$　よって，求める立体の体積は，$\frac{1}{3}\times\pi\times5^2\times10-\frac{1}{3}\times\pi\times2^2\times4=\frac{1}{3}\pi(250-16)=\frac{1}{3}\pi\times234=78\pi(\text{cm}^3)$

(7) ①　$4\times4=16$(通り)

②　2桁の整数が3の倍数になるのは，12，21，24，33，42の5通り　よって，求める確率は，$\frac{5}{16}$

③　十の位の数と一の位の数の積が3の倍数となるのは，13，23，31，32，33，34，43の7通り　よって，求める確率は，$\frac{7}{16}$

3 (図形と関数・グラフの融合問題)

基本 (1) $y=ax^2$に点Aの座標を代入して，$9=a\times6^2=36a$　$a=\frac{9}{36}=\frac{1}{4}$

(2) $y=\frac{1}{4}x^2$…①　①に$x=2$を代入して，$y=\frac{1}{4}\times2^2=1$　よって，B(2，1)　直線ABの方程式を$y=px+q$として点A，Bの座標を代入すると，$9=6p+q$…②　$1=2p+q$…③　②−③から，$8=4p$　$p=2$　これを③に代入して，$1=2\times2+q$　$q=1-4=-3$　したがって，直線ABの方程式は，$y=2x-3$

重要 (3) 直線ABとy軸との交点をCとすると，C(0，−3)　$\text{PC}=4-(-3)=7$　$\triangle\text{ABP}=\triangle\text{ACP}-\triangle\text{PBC}=\frac{1}{2}\times7\times6-\frac{1}{2}\times7\times2=21-7=14$

(4) $\text{PC}=t-(-3)=t+3$　$\triangle\text{ABP}=\triangle\text{ACP}-\triangle\text{PBC}=\frac{1}{2}\times(t+3)\times6-\frac{1}{2}\times(t+3)\times2=3(t+3)-(t+3)=3t+9-t-3=2t+6$

(5) $\triangle\text{OPB}=\frac{1}{2}\times t\times2=t$　仮定から，$2t+6=5t$　$3t=6$　$t=2$　よって，P(0，2)

4 (平面図形の計量問題－三平方の定理，三角形の相似，円の性質，面積)

基本 (1) $\text{BH}=12\div2=6$　△ABHにおいて三平方の定理を用いると，$\text{AH}=\sqrt{10^2-6^2}=\sqrt{64}=8$

(2) $\text{AM}=10\div2=5$　△OACは二等辺三角形だから，AC⊥OM　△AOMと△ACHにおいて，∠Aは共通，∠AMO＝∠AHC＝90°から，2組の角がそれぞれ等しいので，△AOM∽△ACH　よって，AM：OM＝AH：CH　5：OM＝8：6　$\text{OM}=\frac{5\times6}{8}=\frac{15}{4}$

(3) △AOMにおいて三平方の定理を用いると，$\text{OA}=\sqrt{5^2+\left(\frac{15}{4}\right)^2}=\sqrt{\frac{25\times16+225}{16}}=\sqrt{\frac{625}{16}}=\frac{25}{4}$

重要 (4) O′からABとBHへ垂線O′I，O′Jを引くと，$\text{AI}=\text{AH}'=x$　$\text{BJ}=\text{BI}=10-x$　$\text{HJ}=\text{HH}'=8-x$　$\text{BH}=\text{BJ}+\text{HJ}=10-x+8-x=18-2x$

重要 (5) $18-2x=6$から，$2x=12$　$x=6$　よって，円O′の半径は，$\text{HH}'=8-6=2$　したがって，

(円Oの面積)：(円O′の面積)＝$\left(\frac{25}{4}\right)^2 : 2^2 = \frac{625}{16} : 4 = 625 : 64$

★ワンポイントアドバイス★

3 (3), (4)は, 点A, Bからy軸へ垂線AH, BIを引いて, 台形AHIBの面積から△AHPと△BIPの面積をひいて△ABPの面積を求めることもできる。

＜英語解答＞

Ⅰ 問1 A 14 B baseball C basketball 問2 Q1 It was made one [a] hundred years ago. ／ One [A] hundred years ago. Q2 She enjoys walking around the lake.

Ⅱ 1 イ 2 ア 3 イ 4 イ 5 ア 6 エ

Ⅲ 1 you like 2 It is, to 3 interested in 4 been 5 his 6 made by

Ⅳ 1 Snow 2 Carry 3 Nature 4 Say [Speak] 5 Take

Ⅴ 1 (1) on (2) clerk (3) foreigner (4) was (5) going (6) able 2 a) He began to study English three years ago. b) He wants to be an English teacher. c) No, he didn't.

Ⅵ 問1 長女 Lisa 次女 Sarah 三女 Ann 四女 Elizabeth 問2 姉妹たちが, 自分を助けるためにお金をだしてくれると聞いたから 問3 ウイエア 問4 (1) sisters (2) library (3) four

Ⅶ 1 twenty-six 2 ① it is very difficult to read the Chinese language. ② it takes a long time for a Chinese student to learn 3 同じ単語でも, 声の高さによって異なった意味になる。(25字)

○配点○

Ⅰ 問1 各2点×3 問2 各5点×2 Ⅱ～Ⅳ 2点×17 Ⅴ 1 2点×6 2 各3点×3
Ⅵ 問1 各1点×4 問2 4点 問3 3点(完答) 問4 各2点×3
Ⅶ 1 2点 2 各3点×2 3 4点 計100点

＜英語解説＞

Ⅰ (リスニングテスト)

問1 There are only four students who like tennis in this class. Baseball is more popular than basketball and tennis. But the most popular sport in this class is soccer. There are fourteen students who like it. Three students answered that they like other sports.

(全訳) テニスが好きな生徒はこのクラスで4人だけだ。野球はバスケットボールやテニスよりも人気がある。しかしこのクラスでも最も人気があるスポーツはサッカーだ。それが好きな生徒は14人いる。3人の生徒はその他のスポーツが好きだと答えた。

問2 Welcome to our city. I'm Mei. I'm very happy to show you one of the oldest parks in our country. About two hundred years ago, there was a famous man who had this land.

He loved it here very much. And he left it to our city. The city made this park about a hundred years ago.

We have many tall trees, and we can see beautiful birds. And we have more! We have a lake here in the park, too. About a thousand people come here every day. Some enjoy walking or running around the lake. Others enjoy reading books or talking with their friends by the lake. I love this lake very much. I often come here and enjoy walking around the lake.

This park is really large. It is very nice to walk here on warm spring day like today. I think you'll have a lot of fun. Thank you.

Q1：When was this park made by the city?

Q2：What does Mei often enjoy doing in the park?

（全訳） 私たちの街にようこそ。私はメイです。我が国で最も古い公園の1つを皆さんに案内することができてとてもうれしいです。およそ200年前，この土地を持っていた有名な男性がいました。彼はここが大好きで，それを街に託しました。街はこの公園を100年ほど前に作りました。

たくさんの高い木があり，美しい鳥を見ることができます。他にもありますよ！ この公園には湖もあります。毎日およそ1000人がここに来ます。湖の周りを歩いたり走ったりして楽しむ人もいます。湖のほとりで読書したり友達と話したりして楽しむ人もいます。私はこの湖が大好きです。私はよくここに来て，湖の周りを歩いて楽しみます。

この公園は本当に広いです。今日のように暖かい春の日にここで散歩するのは大変すばらしいです。あなたもとても楽しめると思います。お聞きいただきありがとうございました。

Q1 「この公園はいつ街によって作られたか」「100年前に作られた」

Q2 「メイはよくこの公園で何をして楽しむか」「湖の周りを歩いて楽しむ」

基本 Ⅱ （語句補充・選択：動名詞，接続詞，関係代名詞，時制）

1 「散歩に行くのはどうですか」 How about ~ing?「～するのはどうですか」は相手を誘うときの言い方。go for a walk「散歩に行く」

2 「この町には公立図書館が必要だと思います」 that は「～ということ」という名詞節を作る接続詞。

3 「私が駅で話しかけた男性はアメリカ人だった」 I spoke to the man「私は男性に話しかけた」という文を，関係代名詞を用いて the man who I spoke to「私が話しかけた男性」に変える。

4 「明日天気が良かったら，私たちはハイキングに行く予定だ」 条件を表すif節中では，未来のことであっても現在形で表す。

5 「父は昨晩遅くに帰宅した」 語順を問う問題。主語の後に動詞句 came home「帰宅した」を置き，その後に late「遅い時間に」 last nigh「昨晩」と続ける。なお，Ⅵの長文読解の第1文に Sarah came home late とあるので，参考にしよう。

6 「生徒たちは全員英語が大好きだ」〈all the ＋複数名詞〉「～全員」

基本 Ⅲ （言い換え・書き換え：関係代名詞，不定詞，熟語，現在完了，代名詞，分詞）

1 「あなたの最もお気に入りの歌手は誰ですか」「あなたが一番好きな歌手は誰ですか」 you like the best「あなたが一番好きな」が singer を後ろから修飾する。singer と you の間には目的格の関係代名詞が省略されている。

2 「英語を話すことはそれほど難しくない」 形式主語構文〈It is … to ＋動詞の原形〉「～することは…だ」

3 「私たちはこの本を興味深いと思う」「私たちはこの本に興味がある」 be interested in ～「～

に興味がある」

4 「私は以前ニューヨークに行った」「私はニューヨークに行ったことがある」 have been to ～「～へ行ったことがある」

5 「丘の上のあの家は彼のものだ」 belong to ～「～のものである」 his「彼のもの」

6 「私の母はクッキーを作った。それらはとてもおいしい」「私の母によって作られたクッキーはとてもおいしい」 形容詞的用法の過去分詞句 made by my mother「私の母によって作られた」が cookies を後ろから修飾する。

Ⅳ （語彙）

1 「雪は，空から降ってきて地面を覆う，小さくて柔らかい，白い氷のかけらだ」 snow「雪」

2 「運ぶは，どこかへ行くときに何かを手や腕で抱えたり，背負ったりすることだ」 carry「～を運ぶ」

3 「自然は，動物，植物，天気など，人間によって作られたりコントロールされたりしない，世の中の全てのものだ」 nature「自然」

4 「言うは，考えや気持ちを言葉で表現することだ」 say「言う」

5 「取るは，何かをある場所からある場所へ動かすことだ」 take「～を取る，持ってくる」

Ⅴ （長文読解・エッセイ：語句補充，前置詞，英問英答）

（全訳） 私の弟のケンジは中学3年生だ。彼は3年前に英語を学び始めた。彼は英語が好きで，一生懸命に学んでいる。彼のクラスメートのほとんども，英語が好きだ。彼は将来，英語教師になりたがっている。

この前の日曜日，彼と友人たちは学校からの帰り道に書店に行った。彼らは本を買いたかった。店に入ると，彼らは英語で店員に何か言っている外国人を見かけた。しかしその(2)店員は英語がわからなかった。ケンジの友人が彼らに近寄り，その(3)外国人に英語で何か言った。ケンジは友人が英語をとても上手に話したので驚いた。

今，彼はその友人のように英語を話したいと思っている。そこで彼は学校の英会話クラブのメンバーになるつもりだ。彼がすぐに英語が上手に話せるようになることを私は願っている。

1 （1） on one's way from ～「～から来る途中で」（2） clerk「店員」（3） foreigner「外国人」（4） be surprised「驚く」 ここでは過去形の was を入れる。 （5）〈be going to ＋動詞の原形〉「～するつもりだ」（6）〈be able to ＋動詞の原形〉「～することができる」

2 a）「ケンジはいつ英語を学び始めたか」「彼は3年前に英語を学び始めた」 第1段落第2文参照。

b）「ケンジは将来何になりたいか」「彼は英語教師になりたい」 第1段落最終文参照。

c）「ケンジは外国人に英語で話しかけたか」「いいえ，話しかけなかった」 第2段落最後の2文参照。英語で話しかけたのはケンジではなく，ケンジの友人。

Ⅵ （長文読解・物語文：内容吟味，要旨把握，語句補充）

（全訳） ある金曜日の午後，サラは遅くに帰宅した。彼女は家に入るとベッドに倒れ込んだ。

「サラが泣いている！」と末の妹のエリザベスが叫んだ。家族がサラの周りに集まった。

「どうしたんだい？ サラ」と父親が尋ねた。彼女はまだ泣いていたが，ついに説明を始めた。「本を水たまりに落としてしまったの。読めなくなってしまったわ」

姉妹たちは本を見た。「これは本当にあなたが先週借りた本なの？」とサラの妹のアンが大声を出した。

「うん…家に帰ってくる途中，本が私の手から滑って水たまりに落ちてしまったの。すぐに拾い上げたけれど，手遅れだった。どうしたらいいの？」とサラが言った。

父親は彼女の気持ちがよくわかった。彼はサラに言った。「お前がわざとやったんじゃないことを，私はわかっているよ。でもお前は図書館へ行って，どうしたのか説明しなくてはいけないよ」

サラはしばらくの間，答えなかったが，最終的には父親に「この本について図書館の女性に話すわ」と言った。

「きっとあの女性はわかってくれるわ，サラ」と長女のリサが言った。彼女たちの父親はほほえんで「さあ，図書館の女性に会いに行きなさい」と言った。

図書館で，4人の少女たち全員が係の女性の前に立った。その女性は彼女たちを見て「こんにちは，お嬢さんたち，本は楽しかった？」と言った。

「はい，とても気に入りました。でももう読めなくなってしまってごめんなさい…」とサラが言った。

「どういうこと？」とその女性が言った。

サラは全てを説明した。そして「父が私に毎週7セントくれるので，私はそのお金を毎週持ってきます」と言った。

するとリサが「彼女を手伝ってもいいですか？　私も自分のお金を持ってきます」と言った。

「私は毎週5セントを持ってきます」とアンが言った。

「私も」とエリザベスが言った。

サラは彼女たちの言葉を聞いたとき，とてもうれしい気持ちになった。

その女性はしばらくの間，彼女たちの顔を見て，その後言った。「なるほどね，何が起きたかわかりました。私に良い考えがあるわ。これから1か月間毎週，あなたたちは1人1セントを図書館の本代として支払えばいいわ」

「でもそれでは本代として足りません」と少女たちは言った。

「いいのよ。心配しないで」とその女性がほほえんで言った。「ほら，今日も何冊か借りたら？」

「サラも本を借りていいですか」とアンが尋ねた。

「もちろんよ。さあ，本を取ってきて」とその女性が言った。

姉妹たちはとてもうれしかった。

少女たちがお気に入りの本を選んでいるとき，その女性はほほえんでいた。そして彼女は「姉妹同士で助け合うのはすばらしいわ」と思った。

重要　問1　英語の sister は姉と妹の両方に用いられ，「姉」「妹」と明示するときは older「年上の」と younger「年下の」をつけて older sister，younger sister と表す。文中に登場順に，the youngest sister Elizabeth「最も年下の妹のエリザベス」，Sarah's younger sister Ann「サラの妹のアン」，the oldest sister Lisa「最も年上の姉のリサ」とあるので，長女リサ，次女サラ，三女アン，四女エリザベスとわかる。

問2　サラは図書館の女性に本を弁償することを申し出た。姉妹たちもサラを助けるため，お金を払うと言ってくれたので，サラはうれしかった。

問3　ウ「サラが水たまりに本を落とした」→イ「サラがベッドに倒れ込んだ」→エ「サラの父親は彼女に図書館へ行って本について説明するように言った」→ア「図書館の女性はサラが何を言っているのかわからなかった」

重要　問4　「私は(1)妹たちと図書館へ行った。サラが(2)図書館から借りた本を水たまりに落としてしまったのだ。図書館の女性が私たちに親切だったのでうれしい。私たちは図書館の本の代金として，これから1か月間毎週(3)4セント支払うことになっている」

Ⅶ　（長文読解・紹介文：語句補充，語句整序，不定詞，内容吟味）

中国語は文字を使わず，アルファベットもない。漢字の1つ1つが単語であり，文字ではない。紙に書くと，それぞれの漢字は一種の絵のようで，それは複数の交差する画で構成されている。アメリカの子供たちはわずか(1)26文字でできている絵の形を学ぶ必要があるが，中国の子供たちは彼らの言語の全ての単語に対して異なる絵を学ばなくてはならない。②このため，中国語を読むことは非常に難しい。

③したがって，中国の生徒が読み方を学ぶにはとても時間がかかる。アメリカの生徒は1，2年後にはちょっとした読書ができる。中国の生徒は簡単な中国語で書かれた本を読めるようになるのに6年かそれ以上かかる。中国の子供たちはアメリカの子供たちと同じように賢い。彼らの書き言葉は難しいので，彼らはさらに時間を必要とするのだ。

中国語と英語にはとても興味深い違いがある。英語ではふつう，同じ単語に対して，話者の声が意味を決めることはない。しかし中国語では，同じ単語に対して声が違う意味をもたらす。高い声ではある1つの意味になり，低い声ではまた別の意味になる。高低の中間の声では，第3の意味になるかもしれない。このため，中国語を歌う言語と呼ぶ人もいる。

やや難 (1) letter「文字，字」 アルファベットは26文字なので，twenty-six と入れる。

(2) ② 形式主語構文〈It is … ＋ to ＋動詞の原形〉「～することは…だ」 ③ 〈It takes ＋時間＋ for ＋人＋ to ＋動詞の原形〉「(人)が～するのに(時間)がかかる」 この構文の It も形式主語で，to 以下が真主語である。

(3) 最終段落の第3文以降の内容をまとめ，同じ単語でも声の高低によって意味が異なるということを書けばよい。

★ワンポイントアドバイス★

Ⅵの物語文では，四姉妹の関係(年齢順)を正確に把握しよう。

<国語解答>

一 問一 ① るふ ② ていさい ③ えしゃく ④ うと(い) ⑤ いろど(る)
問二 ① 克服 ② 維持 ③ 湾岸 ④ 操(る) ⑤ 欲張(り)
問三 ① ア ② エ

二 問一 イ 問二 (例) (私たちは)考えることで自由を感じる(ということ。)
問三 (自分が)日常生活で負っている役割を脇に置いて私という個(でいるということ。)(23字) 問四 エ 問五 (例) 自分を縛りつけていたものから解放され，自分を支えていたものを失って不安になる(感覚)(38字) 問六 ア 問七 ウ 問八 (私たちは)他の人と共に問い，考え，語り，聞くことで(自分が自由だと感じることができるから。)
問九 考えること

三 問一 (例) 父に早く会いたくていてもたってもいられない気持ち。(25字) 問二 イ
問三 エ 問四 (例) 自分が栽培した苺を目の前でほめられ，嬉しくなったから。(27字) 問五 (例) 笑顔になった(ということ。) 問六 (例) 農園の一部に採られないスペースを作って，日曜日の分の苺をとっておくこと。(36字) 問七 (例) 楽しみながら望月農園発の新品種の苺を作ること。 問八 (例) 早く妻子に会いたい気持ち。(13字) 問九 ア

四 問一 ① やしなえ ② あじわい 問二 イ 問三 エ 問四 孝行の深き心

問五　ウ

○配点○

一　問一・問二　各1点×10　　問三　各3点×2

二　問一・問八・問九　各3点×3　　問四　2点　　問五　5点　　他　各4点×4

三　問二・問三・問九　各3点×3　　問六・問七　各5点×2　　他　各4点×4

四　問一　各1点×2　　問二　3点　　他　各4点×3　　　計100点

＜国語解説＞

一　（漢字の読み書き，品詞・用法）

問一　①　世間に広まること。「流」を「ル」と読む熟語は，他に「流転」「流罪」などがある。　②　外から見た感じ。「体」を「テイ」と読む熟語には，他に「風体」などがある。　③　軽く頭を下げて礼をすること。「会」を「エ」と読む熟語は，他に「会得」「図会」など。　④　「疎い」は，そのことについての知識が不十分なこと。音読みは「ソ」で，「空疎」「疎遠」などの熟語がある。　⑤　音読みは「サイ」で，「色彩」「異彩」などの熟語がある。

問二　①　努力して困難にうちかつこと。　②　物事の状態を保ち続けること。　③　湾に沿った沿岸。　④　他の訓読みは「みさお」。音読みは「ソウ」で，「操縦」「節操」などの熟語がある。　⑤　「欲」の訓読みは「ほ(しい)」「ほっ（する)」。

問三　①　アは主語を表す助詞で，他はすべて連体修飾を表す助詞。　②　エは「おぼつかない」という形容詞の一部で，他はすべて打消しの意味を表す助動詞。

二　（論説文―内容吟味，文脈把握，脱文・脱語補充，語句の意味）

問一　「哲学対話」について，一つ後の段落で「哲学対話で私たちは自ら問い，考え，語り，他の人がそれを受け止め，応答する……私たちはお互いを鏡にして，そこから翻って自らを振り返る」と述べ，「自分とは」で始まる段落で「自分とは違う考え方，ものの見方を他の人から聞いた時，新たな視界が開ける」とわかりやすく言い換えている。この内容を述べているものを選ぶ。

問二　空欄の前に「私たちは」とあることから，「哲学対話」を通して，私たちはどのような状態になるのかを考える。「思考」と「自由」について述べている部分を探すと，「これはさしあたり」で始まる段落に「私自身は，哲学対話のさいにこのような自由の感覚を経験し，考えることで自由になれたのだという実感がある」とあるのに気づく。この内容を参考にして考える。

やや難　問三　――部③「『相対化』とか『対象化』」について，直後の文で「自分自身から，そして自分の置かれた状況，自分のもっている知識やものの見方から距離をとる」と説明している。さらに，「私たちは，それまでの自分自身から解き放たれる。自分を縛っていたもの――役割，立場，境遇，常識，固定観念など――がゆるみ，身動きがとりやすくなる」と続けており，この部分と同様の内容を述べている部分を探す。冒頭の段落「日常生活で負っている役割を脇に置いて私という個でいられる」に注目する。

やや難　問四　「両義的」は両方の意味があること。直前の「解放感」と「不安定感」は，どのような関係にあるのかを考える。

問五　直前に「このような」とあるので，前の内容に注目する。直前の段落に「解放感と不安定感――この両義的感覚は，まさしく自由の感覚」とあり，この「解放感と不安定感」を具体的に述べてまとめる。「そうした」で始まる段落の「自分を縛りつけていたものからの解放感であり，他方で，自分を支えていたものを失う不安定感」などの語を使って説明する。

問六　直後の「実際，個人どうしの利害や価値観，意向は一致しないのが普通であろう。ある人の自由は他の人の自由と衝突する。そこで他者との間で折り合いをつける必要が出てくる」から，理由を読み取る。

問七　「妥協」は，利害や意見が対立した際に，譲り合っておだやかに解決すること。同じ段落の「他者が根本的に自由の妨げなのだとすれば，他者と共に生きるのは仕方がない」に通じるものを選ぶ。

問八　空欄の前後の内容から，「私たち」は「他者」とどのように接することで「自分が自由だと感じることができる」のかを考える。「自分」や「自由」，「他者」という語に着目すると，直後の段落に「自分が感じる自由は，まさにその場で他の人と共に問い，考え，語り，聞くことではじめて得られるものである」とあるのに気づく。ここから適当な語を抜き出す。

重要　問九　空欄の前後から，「私たち」はどうすることで「自由」になれるのか，「他の人といっしょに」どうすることで「お互いが自由」になれるのかを考える。「実際，前述の」で始まる段落の「私たちは考えることを通してまさに自由を体感する」と，「これはたんなる」で始まる段落の「自分が感じる自由は，まさにその場で他の人と共に問い，考え，語り，聞くことではじめて得られる……他者と共に感じる自由なのだ」から，共通する語が入る。

三　（小説一情景・心情，内容吟味，文脈把握）

問一　本文前の注釈から，東京に住んでいる美月と銀河が，静岡で苺農園の仕事を始めた恵介に会いに行く場面だとわかる。「前の駅を出た時からリュックを背負っちゃってる」からは，銀河が父である恵介に早く会いたくていてもたってもいられず下車する準備をしていることが読み取れる。

問二　後の「リハビリ椅子に張りついたまま動こうとしない。『見たくにゃあ』『勝手にやりゃあええだらぁ』」という言動や，後の「いつまでも駄々こねてにゃあで，早く行かざぁ」という祖母ちゃんのひと言で動いたことから，親父はかたくなな態度をとりながらも，苺農園のことが気になっていたと想像できる。

問三　若い女性客に「苺，どれがおいしいですか」「教えてくださ～い」と声をかけられた時の親父の気持ちを考える。少し前の「相手がさっきの二人連れの娘たちだから，緊張で舌が回らないのだと思う」からも，親父が慣れない状況で落ちつかない気持ちでいることが読み取れる。

問四　親父の表情が変わったきっかけは，親父が見つくろった苺を「あ，でも，おいしーい」「あまーい。さすが従業員さん」と，二人連れの若い女性客からほめられたことである。少し後の「やっぱり嬉しいのだ。自分がつくったものを目の前で他人に評価してもらえるのが。」という表現を用いて説明する。

問五　直後の文の「目尻に浮かんだ笑い皺は隠せない」に着目する。若い女性客から「ひゃあ，大きい！」「これもおいしい」とほめられ嬉しく思っている親父の表情が入る。

問六　「計算」の具体的な内容は，直前の段落で「午後一時半までに訪れたお客さんは，五十三人。夕方までこのペースで客を入れて，明日の日曜のぶんはだいじょうぶだろうか……一部をロープで仕切り，『調整中』という札を掲げて，採られないスペースをつくっておくのが，賢い苺狩り農園のやり方だ——」と述べている。この内容を四十字以内で簡潔に説明する。

重要　問七　『ストロベリーライフ』というのであるから，苺に関する夢である。同じ段落の「仕事は，毎日は，楽しんだもの勝ちだ。同じことをするなら，楽しくやろう」や，「富士望月いちごを」で始まる段落の「いつか望月農園発の新品種を生み出すことができたら，とも考えている」などから，苺に関する恵介の夢を読み取る。

問八　直後の文に「そろそろ次のバスが停留所に到着する時刻だ」とあることから，恵介は美月と銀河が乗っているバスの到着を待っているのだとわかる。本文の前半に「恵介に到着時間は連絡していない」とあり，恵介が何度も「農道のとば口」に出るのは，どのバスで来るかわからない妻子に早く会いたいという気持ちによる。

問九　本文の前半は妻である美月の視点で描かれ，後半は恵介の視点で描かれている。さらに，それぞれの視点から，人物の様子や情景が生き生きと描かれているので，アが最もふさわしい。

四　**(古文ー主題・表題，大意・要旨，文脈把握，仮名遣い，口語訳)**

〈口語訳〉 孟宗は，幼くして父に先立たれ，一人の母を養っていた。母は年老いて，常に病気にかかって苦しみ，食事の好みも，そのたびごとに変わり，手に入れようがないものを望んだ。冬のことであるのに，(母は)竹の子を欲しがった。そこで，孟宗は，竹林に行き(竹の子を)探すが，雪の深い時期なので，どうして簡単に手に入れることができるだろうか。「ひたすらに，神のお慈悲をお頼み申し上げる」と，祈り，大いに悲しみ，竹に寄り添っていたところ，急に大地がひらけて，竹の子がたくさん生え出てきたのでした。(孟宗は)おおいに喜び，すぐに取って帰り，お吸い物を作り，母に与えたところ，母は，これを食べて，そのまま病も治り，寿命を延ばした。これは，いちずに，親孝行の心が深いことを感じて，神がお与えなさった。

基本　問一　①　「養へ」は「やしな(へ)」。語頭以外のハ行は現代仮名遣いではワ行に読む。　②　①と同様，語頭以外のハ行はワ行に読むので「は」は「わ」，「ひ」は「い」と読む。

問二　「よしなき」は漢字で書くと「由なき」で，理由がない，方法がないなどの意味になる。「よしなきもの」について，直後の文で「冬のことなるに，竹の子をほしく思へり」と述べている。

問三　「などか」は，どうして……か，という疑問や反語の意味を表す。「たやすく」は簡単だという意味を表す形容詞「たやすし」の連用形，「得」は手に入れるという意味の動詞，「べし」は可能の意味を表す「べし」の連体形であることから考える。

重要　問四　最終文に「これ，ひとへに，孝行の深き心を感じて，天道より与へ給へり」とある。筆者は，母親に食べさせようと冬に竹の子を探した孟宗のどのような心に感動したのかを読み取る。

問五　孟宗が母に竹の子を食べさせたいと神に祈った結果，竹の子がたくさん生え出てきて，それを食べた母親が命を長らえたという内容にふさわしいものを選ぶ。

★ワンポイントアドバイス★

読解問題では，自分の言葉で状況や登場人物の心情を説明する表現力が問われている。ふだんから，選択式の問題においても，まず自分の言葉で考えてから選択するように心がけよう。

解答用紙集

○月×日 △曜日　天気(合格日和)

◆ご利用のみなさまへ
＊解答用紙の公表を行っていない学校につきましては、弊社の責任において、解答用紙を制作いたしました。
＊編集上の理由により一部縮小掲載した解答用紙がございます。
＊編集上の理由により一部実物と異なる形式の解答用紙がございます。

人間の最も偉大な力とは、その一番の弱点を克服したところから生まれてくるものである。 ――カール・ヒルティ――

東京学参株式会社

大妻嵐山高等学校　2024年度

◇数学◇

※ 179％に拡大していただくと，解答欄は実物大になります。

自由計算欄

解答はすべて解答欄に記入すること。

1	(1)		(2)				
	(3)		(4)				
	(5)						
2	(1)						
	(2)	$x=$　，$y=$	(3)	$x=$			
	(4)	$a=$　，$b=$	(5)				
	(6)	①	$\angle x=$　°	②			
	(7)	①		②		③	
3	(1)	$a=$	(2)	$y=$			
	(3)		(4)				
	(5)	P(　，　)					
4	(1)	°	(2)	cm			
	(3)	cm	(4)	cm^2			
	(5)	△OCP：△ADP＝　：					

大妻嵐山高等学校　2024年度

◇英語◇

※ 152%に拡大していただくと，解答欄は実物大になります。

Ⅰ

1		2		3		4		5	

Ⅱ

1		2		3		4		5		6	

Ⅲ

1	My aunt ( ) in Tokyo will come to see us next month.
2	( ) a noise in this classroom is not good.
3	We need something ( ) ( ).
4	I ( ) I ( ) ( ) here longer.
5	On the way to the house, no clouds ( ) ( ) in the sky.
6	They had a good ( ) at the party.

Ⅳ

1		2		3	
4		5			

Ⅴ

1						
2						
3						
4						
5	1つ目					
	2つ目					
6	Let's try .					
7	a)		b)		c)	

Ⅵ

1	①		②		③		④		⑤	
2	①									
	②									
	③									
	④									
	⑤									

◇国語◇

大妻嵐山高等学校　２０２４年度

※１６９%に拡大していただくと、解答欄は実物大になります。

何字以内で答えなさいという問いはすべて句読点・記号等もふくみます。

一

問一 ① ② ③ ④ ⑤

問二 ① ② ③ ④ ⑤

問三 ① ② ③ ④ ⑤

二

問一

問二 人には 〜 があるから。

問三

問四

問五 一 二

問六

問七

三

問一 と言わなければならないこと。

問二

問三

問四

問五

問六

問七 〜 たくないから。

問八

問九

問十 時より「むしろ」。

四

問一

問二

問三

問四

問五

問六 ⑥ ⑧

問七

問八

問九

大妻嵐山高等学校　2023年度

◇数学◇

※ 179%に拡大していただくと，解答欄は実物大になります。

自由計算欄

解答はすべて解答欄に記入すること。

1	(1)		(2)	
	(3)		(4)	
	(5)			
2	(1)			
	(2)	$x=$ ，$y=$	(3)	$x=$
	(4)	① $x=$ ，② $x=$		
	(5)	$n=$		
	(6)	① $\angle x=$ °	②	cm^3
	(7)	①	②	③
3	(1)	$a=$	(2)	
	(3)	$y=$	(4)	D（　，　）
	(5)	D（　，　）		
4	(1)	cm	(2)	°
	(3)	cm^2	(4)	cm^2
	(5)	AE : ED＝　:		

※ 161％に拡大していただくと，解答欄は実物大になります。

I

問1	1		2		3		4	
問2								

II

1		2		3		4		5		6	

III

1	I don't know what (　　　　) do.
2	He has been our teacher (　　　　) 2000.
3	He asked me (　　　　) visit (　　　　) house.
4	Look at those houses (　　　　) beautiful gardens.
5	Do you know where (　　　　) (　　　　) ?
6	How many schools are (　　　　) in your city?

IV

1		2		3	
4		5			

V

1						
2	①					
	②					
3						
4	(ア)		(イ)		(ウ)	
	(エ)		(オ)		(カ)	

VI

①		②		③	
④		⑤		⑥	
⑦					

VII

1	(1)		(2)		(3)		(4)		(5)	
2										
3										

◇国語◇　　大妻嵐山高等学校　２０２３年度

※１６９％に拡大していただくと、解答欄は実物大になります。

何字以内で答えなさいという問いはすべて句読点・記号等もふくみます。

一

問一　①　②　③　④　⑤

問二　①　②　③　④　⑤

問三　①　②　③　④　⑤

二

問一

問二

問三

問四

問五

問六

問七

問八

三

問一　問二

問三

問四

問五

問六

問七

問八　ア　イ　ウ　エ　オ

四

問一　①　⑤　問二

問三　問四

問五　問六

問七　　　　　　　　　　　　　　　について。

大妻嵐山高等学校　　2022年度　　　　◇数学◇

※ 125％に拡大していただくと，解答欄は実物大になります。

自由計算欄

解答はすべて解答欄に記入すること。

1	(1)		(2)	
	(3)		(4)	
	(5)			
2	(1)			
	(2)	$x=$　　, $y=$	(3)	$x=$
	(4)	$a=$　　, $x=$	(5)	個
	(6)	$\angle x=$　　°	(7)	cm^3
	(8)	①　　②　　③		
3	(1)	$a=$	(2)	$y=$
	(3)		(4)	$y=$
	(5)	D (　　,　　)		
4	(1)	°	(2)	
	(3)		(4)	
	(5)			

大妻嵐山高等学校　2022年度

◇英語◇

※ 156%に拡大していただくと，解答欄は実物大になります。

Ⅰ

問1	A		B	
	C		D	
問2				

Ⅱ

1		2		3		4		5		6	

Ⅲ

1	Tom (　　　　　　　) (　　　　　　　) listen to music.
2	Nancy's father will buy a car (　　　　　　　) in Japan.
3	(　　　　　　　) Jane and Helen are busy.
4	(　　　　　　　) is easy for Aki (　　　　　　　) speak English.
5	This is (　　　　　　　) (　　　　　　　) apple that I have ever eaten.
6	He was (　　　　　　　) tired (　　　　　　　) run.

Ⅳ

1		2		3	
4		5			

Ⅴ

1										
2										
3	(a)		(b)		(c)		(d)		(e)	
4	①		②		③					
	④		⑤							

Ⅵ

1				
2				
3				
4				
5	①		②	
	③	や		
6				

◇国語◇

大妻嵐山高等学校　２０２２年度

※１７１％に拡大していただくと、解答欄は実物大になります。

一

問一　①　②　③　④　⑤

問二　①　②　③　④　⑤

問三　①　②　③

二

問一　問二　問三

問四

問五　問六

問七

問八

問九

三

問一　問二

問三

問四　自ら　　気持ち。

問五

問六

問七

問八

四

問一

問二

問三

問四

問五

大妻嵐山高等学校　2021年度

◇数学◇

※ 125％に拡大していただくと，解答欄は実物大になります。

自由計算欄

1	(1)		(2)	
	(3)		(4)	
	(5)			
2	(1)			
	(2)	$x=$　　, $y=$	(3)	$x=$
	(4)	$a=$　　, $b=$	(5)	
	(6)	①　$\angle x=$　　°	②	cm^3
	(7)	①	②	③
3	(1)	P(　　,　　)	(2)	
	(3)	$y=$	(4)	
	(5)	$t=$		
4	(1)	°	(2)	°
	(3)	CA : AE =　　:		
	(4)	cm	(5)	cm^2

大妻嵐山高等学校　2021年度

◇英語◇

※ 156%に拡大していただくと，解答欄は実物大になります。

Ⅰ

問1	1		2	
	3		4	
	5		6	
	7			
問2	Please tell me			

Ⅱ

1		2		3		4		5		6	

Ⅲ

1	It ( ) a ( ) last summer.
2	This book is ( ) ( ) that one.
3	( ) ( ) ( ) a week do you practice judo at school?
4	Working hard ( ) us happy.
5	She was so shocked that ( ) ( ) speak.
6	My town ( ) a beautiful park.

Ⅳ

1		2		3	
4		5			

Ⅴ

1		
2		
3		
4		
5	Salt was used as ( ) in ancient times.	

Ⅵ

1	A		B		C	
2	こと					
3	(ア)	Ken liked English and he was ( ) in stories about foreign countries.				
	(イ)	Father couldn't listen to the stories ( ) by Kumi.				

Ⅶ

【ア】		【イ】		【ウ】		【エ】	

◇国語◇

大妻嵐山高等学校　２０２１年度

※１７１％に拡大していただくと、解答欄は実物大になります。

何字以内で答えなさいという問いはすべて句読点・記号等もふくみます。

一

問一　①　②　③　む　④　い　⑤　み

問二　①　②　③　④　⑤

問三　①　誤　正　②　誤　正　③　誤　正　④　誤　正

二

問一　問二

問三

問四　問五　問六

問七

問八　A　B

三

問一　品詞　意味

問二　A　B

問三

問四

問五

問六

問七

問八

四

問一

問二　②　④

問三

問四

大妻嵐山高等学校　　2020年度

◇数学◇

※ 126%に拡大していただくと，解答欄は実物大になります。

自由計算欄

1	(1)		(2)	
	(3)		(4)	
	(5)			
2	(1)	$x=$　　　, $y=$		
	(2)		(3)	$a=$
	(4)	$x=$	(5)	$a=$　　, $b=$
	(6)	①　　°	②	cm^3
	(7)	①　　通り	②	
		③		
3	(1)	$a=$	(2)	$y=$
	(3)		(4)	
	(5)	P(　　,　　)		
4	(1)		(2)	
	(3)		(4)	
	(5)	(円 O の面積) : (円 O′ の面積) =　　:		

大妻嵐山高等学校　2020年度　◇英語◇

※ 158％に拡大していただくと，解答欄は実物大になります。

I

問1	A		B		C	
問2	Q1					
	Q2					

II

1		2		3		4		5		6	

III

1	Who is the singer ( ) ( ) the best?
2	( ) ( ) not so difficult ( ) speak English.
3	We are ( ) ( ) this book.
4	I have ( ) to New York.
5	That house on the hill is ( ).
6	The cookies ( ) ( ) my mother are very good.

IV

1		2		3	
4		5			

V

1	(1)		(2)		(3)	
	(4)		(5)		(6)	
2	a)					
	b)					
	c)					

VI

問1	長女 ( ) 次女 ( ) 三女 ( ) 四女 ( )					
問2						
問3	➡ ➡ ➡					
問4	(1)		(2)		(3)	

VII

1		
2	②	
	③	
3	中国語では、	

◇国語◇

大妻嵐山高等学校　２０２０年度

※ １７２％に拡大していただくと、解答欄は実物大になります。

何字以内で答えなさいという問いはすべて句読点・記号等もふくみます。

一

問一 ① ② ③ ④ ⑤

問二 ① ② ③ ④ ⑤

問三 ① ②

二

問一

問二 私たちは　　　　　　ということ。

問三 自分が　　　　　　でいるということ。

問四

問五　　　　　　感覚

問六

問七

問八 私たちは　　　　　　自分が自由だと感じることができるから。

問九

三

問一

問二

問三

問四

問五　　　　　　ということ。

問六

問七

問八

問九

四

問一 ① ②

問二

問三

問四

問五

MEMO

大切なことはメモしておこうネ！

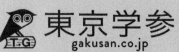

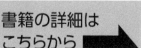

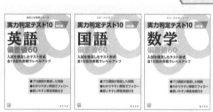

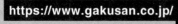

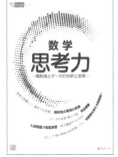

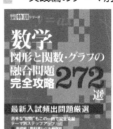

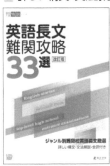

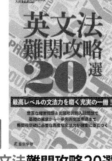

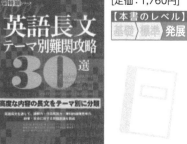

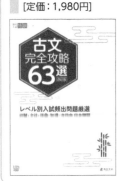

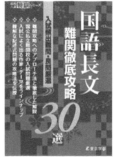

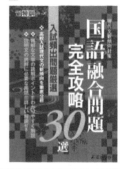

東京学参の

高校別入試過去問題シリーズ

＊出版校は一部変更することがあります。一覧にない学校はお問い合わせください。

東京ラインナップ

あ　愛国高校(A59)
青山学院高等部(A16)★
桜美林高校(A37)
お茶の水女子大附属高校(A04)
か　開成高校(A05)★
共立女子第二高校(A40)★
慶應義塾女子高校(A13)
啓明学園高校(A68)★
国学院高校(A30)
国学院大久我山高校(A31)
国際基督教大高校(A06)
小平錦城高校(A61)★
駒澤大高校(A32)
さ　芝浦工業大附属高校(A35)
修徳高校(A52)
城北高校(A21)
専修大附属高校(A28)
創価高校(A66)★
た　拓殖大第一高校(A53)
立川女子高校(A41)
玉川学園高等部(A56)
中央大高校(A19)
中央大杉並高校(A18)★
中央大附属高校(A17)
筑波大附属高校(A01)
筑波大附属駒場高校(A02)
帝京大高校(A60)
東海大菅生高校(A42)
東京学芸大附属高校(A03)
東京農業大第一高校(A39)
桐朋高校(A15)
都立青山高校(A73)★
都立国立高校(A76)★
都立国際高校(A80)★
都立国分寺高校(A78)★
都立新宿高校(A77)★
都立墨田川高校(A81)★
都立立川高校(A75)★
都立戸山高校(A72)★
都立西高校(A71)★
都立八王子東高校(A74)★
都立日比谷高校(A70)★
な　日本大櫻丘高校(A25)
日本大第一高校(A50)
日本大第三高校(A48)
日本大第二高校(A27)
日本大鶴ヶ丘高校(A26)
日本大豊山高校(A23)
は　八王子学園八王子高校(A64)
法政大高校(A29)
ま　明治学院高校(A38)
明治学院東村山高校(A49)
明治大付属中野高校(A33)
明治大付属八王子高校(A67)
明治大付属明治高校(A34)★
明法高校(A63)
わ　早稲田実業学校高等部(A09)
早稲田大高等学院(A07)

神奈川ラインナップ

あ　麻布大附属高校(B04)
アレセイア湘南高校(B24)
か　慶應義塾高校(A11)
神奈川県公立高校特色検査(B00)
さ　相洋高校(B18)
た　立花学園高校(B23)
桐蔭学園高校(B01)
東海大付属相模高校(B03)★
桐光学園高校(B11)
な　日本大高校(B06)
日本大藤沢高校(B07)
は　平塚学園高校(B22)
藤沢翔陵高校(B08)
法政大国際高校(B17)
法政大第二高校(B02)★
や　山手学院高校(B09)
横須賀学院高校(B20)
横浜商科大高校(B05)
横浜市立横浜サイエンスフロンティア高校(B70)
横浜翠陵高校(B14)
横浜清風高校(B10)
横浜創英高校(B21)
横浜隼人高校(B16)
横浜富士見丘学園高校(B25)

千葉ラインナップ

あ　愛国学園大附属四街道高校(C26)
我孫子二階堂高校(C17)
市川高校(C01)★
か　敬愛学園高校(C15)
さ　芝浦工業大柏高校(C09)
渋谷教育学園幕張高校(C16)★
翔凜高校(C34)
昭和学院秀英高校(C23)
専修大松戸高校(C02)
た　千葉英和高校(C18)
千葉敬愛高校(C05)
千葉経済大附属高校(C27)
千葉日本大第一高校(C06)★
千葉明徳高校(C20)
千葉黎明高校(C24)
東海大付属浦安高校(C03)
東京学館高校(C14)
東京学館浦安高校(C31)
な　日本体育大柏高校(C30)
日本大習志野高校(C07)
は　日出学園高校(C08)
や　八千代松陰高校(C12)
ら　流通経済大付属柏高校(C19)★

埼玉ラインナップ

あ　浦和学院高校(D21)
大妻嵐山高校(D04)★
か　開智高校(D08)
開智未来高校(D13)★
春日部共栄高校(D07)
川越東高校(D12)
慶應義塾志木高校(A12)
さ　埼玉栄高校(D09)
栄東高校(D14)
狭山ヶ丘高校(D24)
昌平高校(D23)
西武学園文理高校(D10)
西武台高校(D06)
た　東京農業大第三高校(D18)
は　武南高校(D05)
本庄東高校(D20)
や　山村国際高校(D19)
ら　立教新座高校(A14)
わ　早稲田大本庄高等学院(A10)

北関東・甲信越ラインナップ

あ　愛国学園大附属龍ヶ崎高校(E07)
宇都宮短大附属高校(E24)
か　鹿島学園高校(E08)
霞ヶ浦高校(E03)
共愛学園高校(E31)
甲陵高校(E43)
国立高等専門学校(A00)
さ　作新学院高校
（トップ英進・英進部）(E21)
（情報科学・総合進学部）(E22)
常総学院高校(E04)
た　中越高校(R03)＊
土浦日本大高校(E01)
東洋大附属牛久高校(E02)
な　新潟青陵高校(R02)
新潟明訓高校(R04)
日本文理高校(R01)
は　白鷗大足利高校(E25)
ま　前橋育英高校(E32)
や　山梨学院高校(E41)

中京圏ラインナップ

あ　愛知高校(F02)
愛知啓成高校(F09)
愛知工業大名電高校(F06)
愛知みずほ大瑞穂高校(F25)
暁高校（３年制）(F50)
鶯谷高校(F60)
栄徳高校(F29)
桜花学園高校(F14)
岡崎城西高校(F34)
か　岐阜聖徳学園高校(F62)
岐阜東高校(F61)
享栄高校(F18)
さ　桜丘高校(F36)
至学館高校(F19)
椙山女学園高校(F10)
鈴鹿高校(F53)
星城高校(F27)★
誠信高校(F33)
清林館高校(F16)★
た　大成高校(F28)
大同大大同高校(F30)
高田高校(F51)
滝高校(F03)★
中京高校(F63)
中京大附属中京高校(F11)★
中部大春日丘高校(F26)★
中部大第一高校(F32)
津田学園高校(F54)
東海高校(F04)★
東海学園高校(F20)
東邦高校(F12)
同朋高校(F22)
豊田大谷高校(F35)
な　名古屋高校(F13)
名古屋大谷高校(F23)
名古屋経済大市邨高校(F08)
名古屋経済大高蔵高校(F05)
名古屋女子大高校(F24)
名古屋たちばな高校(F21)
日本福祉大付属高校(F17)
人間環境大附属岡崎高校(F37)
は　光ヶ丘女子高校(F38)
誉高校(F31)
ま　三重高校(F52)
名城大附属高校(F15)

宮城ラインナップ

さ　尚絅学院高校(G02)
聖ウルスラ学院英智高校(G01)★
聖和学園高校(G05)
仙台育英学園高校(G04)
仙台城南高校(G06)
仙台白百合学園高校(G12)
た　東北学院高校(G03)★
東北学院榴ヶ岡高校(G08)
東北高校(G11)
東北生活文化大高校(G10)
常盤木学園高校(G07)
は　古川学園高校(G13)
ま　宮城学院高校(G09)★

北海道ラインナップ

さ　札幌光星高校(H06)
札幌静修高校(H09)
札幌第一高校(H01)
札幌北斗高校(H04)
札幌龍谷学園高校(H08)
は　北海高校(H03)
北海学園札幌高校(H07)
北海道科学大高校(H05)
ら　立命館慶祥高校(H02)

★はリスニング音声データのダウンロード付き。

都道府県別 公立高校入試過去問 シリーズ

- 全国47都道府県別に出版
- 最近数年間の検査問題収録
- リスニングテスト音声対応

公立高校入試対策 問題集シリーズ

- 目標得点別・公立入試の数学（基礎編）
- 実戦問題演習・公立入試の数学（実力錬成編）
- 実戦問題演習・公立入試の英語（基礎編・実力錬成編）
- 形式別演習・公立入試の国語
- 実戦問題演習・公立入試の理科
- 実戦問題演習・公立入試の社会

高校入試特訓問題集 シリーズ

- 英語長文難関攻略33選（改訂版）
- 英語長文テーマ別難関攻略30選
- 英文法難関攻略20選
- 英語難関徹底攻略33選
- 古文完全攻略63選（改訂版）
- 国語融合問題完全攻略30選
- 国語長文難関徹底攻略30選
- 国語知識問題完全攻略13選
- 数学の図形と関数・グラフの融合問題完全攻略272選
- 数学難関徹底攻略700選
- 数学の難問80選
- 数学　思考力―規則性とデータの分析と活用―

〈ダウンロードコンテンツについて〉

本問題集のダウンロードコンテンツ、弊社ホームページで配信しております。現在ご利用いただけるのは「2025年度受験用」に対応したもので、**2025年3月末日**までダウンロード可能です。弊社ホームページにアクセスの上、ご利用ください。

※配信期間が終了いたしますと、ご利用いただけませんのでご了承ください。

高校別入試過去問題シリーズ

大妻嵐山高等学校　2025年度

ISBN978-4-8141-3006-1

[発行所] 東京学参株式会社

〒153-0043　東京都目黒区東山2-6-4

書籍の内容についてのお問い合わせは右のQRコードから　⇒

※書籍の内容についてのお電話でのお問い合わせ、本書の内容を超えたご質問には対応できませんのでご了承ください。

2024年5月13日　初版